新編 生命の實相 第40巻

教育実践篇

人間を作る法

谷口雅春

Masaharu Taniguchi

光明思想社

編者はしがき

本書「はしがき」の冒頭には、「教育の根本は児童にやどる無限の可能性を信じ、発見し、それを賞揚(しょうよう)し、激励し、自信を高め、勉学に興味をもたしめることにあるのである。子供の伸びる力は『生命』の伸びる力である。生命は解放されてはじめてスクスク伸びるのである」と述べられている。

親や教師など子供の教育に携わる者が、本当にこの言葉を信じ実行するならば、どれほどすごい結果がもたらされるのであろうか。本書にもその体験の一端が紹介されている。

子供が生長するということは子供に宿る生命それ自身が伸びることであり、決して他から何かが子供に植え付けられることではない。子供に宿る生命は無限の可能性に満ち満ちており、親や教師はそのことを徹底的に信じ、それを引き出すために「激励し、自信を高め、勉学に興味をもたしめる」ように導けば、子供は驚くべき結果をもたらすということである。そして、これこそが教育だというのである。

谷口雅春先生の「生命の教育」は「人間神の子」の真理から発しており、その神の子の本性を引き出すために、「褒めること」が称揚されている。しかし、だからと言って「叱ること」を否定してはいない。本書の中でも「生長の家は鉄鎚の教育法」だとして、次のように述べられている。

「かつて私は、数ヵ月の慢性胃腸病の児童を『お腹が痛いというときは天井から吊り下げて棒で擲んなさい。このお子さんは病気ではないのに同情を求めて、潜在意識が病気を仮作しているのですから、同情を求めたら却って不結果になるということを知ったら治るのです』と、その子供の目の前で叱責したために、その日からその児童の慢性胃腸病が治った実例をお話したことがあります」（一二一〜一二三頁）「褒めること」とは「おだて甘やかすこと」ではない。「叱ること」とは「追い詰め虐待すること」ではない。「褒めること」も「叱ること」も、ともにその子供に眠る「神の子の神性」を揺り動かし引っ張り出すことである。だからこそ、あるときは「褒め」、あるときは「叱る」。谷口雅春先生が説かれる「褒める教育」と「鉄鎚の教育」とは決して矛盾しない。すべては「子供の神性」を開顕することを目的としているからである。

また、谷口雅春先生は、「生命の火花に点火する教育」と言っておられる。

谷口雅春先生が小学校二年生の時、算数が三十七点であった。これを見た養父が火の点いたように叱責した。その叱責が谷口雅春先生の「自己内在の力」に火を点けた。この「内部の火」を点ずることが教育であると、谷口雅春先生は言われるのである。「教育の大綱はこの『自己内在の生命に火を点ける』ということで尽きていると思うのであります。易しい学科を面白いと思って熱心にやっているうちに、『自分は出来る』

という自信を得て、ついに難しい学科も出来るようになったというのも、自己内在の生命に火が点いたのであります」（一八頁）

「しかし、教育にはもっと深い根本的な問題がある」として、谷口雅春先生は次のように述べられている。

「自己内在の生命に点火したことを自信を得るという。私が何の教育学の素養もないにもかかわらず『あなたは『神の子』ですから、きっと成績がよくなるのですよ』と一言いってその児童の頭を愛撫してあげた結果、たちまちその児童の成績が改善したという例が往々にしてあるのは、私が一つ一つの学科の灸所を教えたからではなく、全体としてその児童の本性にあるところの『神の子』に点火したからであります」（一八〜一九頁）

「『生長の家』式にいえば、『実相』に火が点くということであります。埋没されていた『神の子』なる実相に火が点ぜられ、それが表に輝き出でるということであります。火が点ぜられれば、その周囲は自然に一切が明るくなるように、自己自身が興味の火焔

となれば、あらゆる学科を興味の光で燦然と照し出すことが出来るのです」（二一一頁）

また、谷口雅春先生は「常不軽菩薩の教育」とも言っておられる。

「勉強の出来ない、成績の悪い子を、『勉強の出来る、成績の良い子だ』と信頼して思えといっても、そんなことは思えませんといわれる人がたくさんあります。それは思えないのが当り前なのです。それは五官の眼でその子の現象を見ているからです。しかし、五官は『信念の反影』を見るに過ぎませんから、『出来の悪い子だ』と信じている限りは、五官の眼で見ているかぎりは出来が悪いのは当然です。そんな時には五官の目を閉じて合掌し、そうして心を鎮めて相手の実相を観るようにすれば好いのです。良人の場合も子供の場合でも同じことです。子供の場合には『自家の子供は神の子であって自由にしておいても勉強するのである。人間は勉強が楽しいのであるから、親が心配しなくても勉強するのが当り前であるから勉強する」と、こういう意味の言葉を静かに念ずるのであります」（一四六頁）

「『法華経』に、常不軽菩薩が、どんな人を見てもみんな仏の子であるとしておがんだということが書いてあります。この美点を見る教育法はあの行持（ぎょうじ）（編註・常不軽菩薩の行い）を子供に応用したのであります。この行持を子供に応用すれば子供がよくなり、（中略）家庭が光明化するのであります」（一四七頁）

「人間は神の子であって無限の能力を持っている」との大自覚から発して、それが教育に及べば「生命の教育」となって現れる。その意味するところを本書でも充分に味わって頂ければ幸いである。

谷口雅春著作編纂委員会

令和二年三月吉日

はしがき

　教育の根本は児童にやどる無限の可能性を信じ、発見し、それを賞揚し、激励し、自信を高め、勉学に興味をもたしめることにあるのである。子供の伸びる力は「生命」の伸びる力である。生命は解放されてはじめてスクスク伸びるのである。児童に宿る本来健全な優良な伸びる力を発現させるためにはまず縛りを解放することである。心に児童の不良や欠点を見てはならないし、児童の劣等や悪意を見てはならない。見ることはあらわすことであり発現させることである。言葉で児童の不良や欠点を見てはならない。また言

はしがき　頭注版第二十五巻の「はしがき」

賞揚　ほめたたえること

葉で児童の劣等や悪意を言いあらわしてはならない。言葉は創造者であるから、言葉によって不良や欠点を言い現わして、それに注意を集中させて児童を優良児たらしめようというような過去の教育は悉く失敗に終わっているのである。成績の不良な児童を見て、それに精薄児だとか劣等児とかいう名称をつけて、それを優良児にしようと思ってもその言葉に呪縛せられて、児童の生命は萎縮して伸びることはできないのである。子供が何の気なしに過った行為をしたとき、それを悪意であると解して、「なぜお前はこんなことをしたのだ」と咎めてみたとて、その子供は「自分は悪意あるものだ」という暗示を受けて、悪意ある不良少年または少女だと、みずから信ずることによって、かつては「無意識の過失」であったところのものが、今度は意識的な悪意に変ずるばかりである。

子供を愛する両親よ、そして教師よ、保護者たちよ。あなたが扱った児童が、あなたの意図するように健康にならず、優良な成績を贏ち得ず、怠

精薄児　「知的障害児」の旧称である「精神薄弱児」の略称。知能を中心とする精神発達が遅れていて、社会的な適応が困難な子供

萎縮　気力や勢いが衰えてちぢこまっているさま

贏ち得ず　獲得できないで

け癖が直らず、反抗が止まず、不良の傾向がますます増加するように見えるならば、前記のように「欠点」や「不完全」や「不良」を見て、それを言葉で言いあらわして、その「欠点」や「不完全」や「不良」に気づかせて直そうと思うからである。それは、心に思うことが顕われ、言葉で暗示することが実現するという精神科学の法則に気がつかないからである。

このわたしの提唱した教育法では、世界にはどんな劣等児も精神薄弱児童もないことになるのである。戦後、各学校では自由教育方式が採用されて、従来の「詰め込み教育」が廃される傾向になっているのは、まことに好ましい傾向であるが、それにしても、単に「自由」に放任するだけでは足りないのである。その根本に児童の生命の奥にある「円満完全なる神性」を見ることと言葉に言い現わすことがなければ、自由や放任だけでは児童は必ずしも良くならないのである。「見る」ことは「顕わす」ことであり、「言葉」は「創造者」である。詳しいことは序文では書くことができないので、

精神科学　自然科学に対して、人間の精神に関する事象を研究する諸科学の総称

戦後　大東亜戦争終結後から今日までの時代

自由教育方式　児童の個性を尊重し、自発的な活動を重んじる教育方式。日本では大正十年に羽仁もと子が設立した自由学園などによって実践され始め、戦後特に強調されるようになった

神性　神の子である本性

本文を読んでいただきたい。本篇は教育実践篇であるから、より多く実践の方法が説かれている。本書に挙げた多くの実例と同時に、『生命の實相』頭注版ではその第十三巻に教育の根本原理が詳しく書かれているから本篇と併せ読まれれば、諸君の愛児を健康にかつ優良に育て得ること確実であると思う。なお『生命の實相』全集のほかに、劣等児や普通以下の児童を優良化した実例と方法とを収録した書に『優良児を作る』という書があるから、そのような児童に接する教師たちはそれも併せ読まれれば幸いである。

昭和三十九年九月十日

著者しるす

『生命の實相』 著者の主著。昭和七年一月黒革表紙版が発行されてより各種各版が発行され、現在までに二千万部近くが発行されている

第十三巻 本全集では第二十二巻「教育篇」

『優良児を作る』 昭和十五年に光明思想普及会より初版発行。後に日本教文社より「新選谷口雅春選集15」等として刊行された

教育実践篇

人間を作る法(中)

目次

教育実践篇　人間を作る法（中）

第39巻・教育実践篇　人間を作る法（上）

第41巻・教育実践篇　人間を作る法（下）

凡例

一、本全集は、昭和四十五年～昭和四十八年にわたって刊行された愛蔵版『生命の實相』全二十巻を底本とした。本書第四十巻は、愛蔵版第十三巻『教育實踐篇』を底本とした。

一、本文中、底本である愛蔵版とその他の各種各版の間で異同がある箇所は、頭注版、初版革表紙版、黒布表紙版等を参照しながら確定稿を定めた。

一、底本は正漢字・歴史的仮名遣いであるが、本全集は、一部例外を除き、常用漢字・現代仮名遣いに改めた。

一、現在、代名詞、接続詞、助詞等で使用する場合、ほとんど用いられない漢字は平仮名に改めた。

一、本文中、誤植の疑いがある箇所は、頭注版、初版革表紙版、黒布表紙版等各種各版を参照しながら適宜改めた。

一、本文中、語句の意味や内容に関して註釈が必要と思われる箇所は、頭注版を参照しつつ脚註として註を加えた。但し、底本の本文中に括弧で註がある場合は、例外を除き、その箇所のままとした。

一、聖書、仏典等の引用に関しては、明らかに原典と異なる箇所以外は底本のままとした。

一、頭注版『生命の實相』全四十巻が広く流布している現状に鑑み、本書の章見出し、小見出しの下の脚註部分に頭注版の同箇所の巻数・頁数を表示し、読者の便宜を図った。

一、本文と引用文との行間は、読み易さを考慮して通常よりも広くした。

一、本文中に出てくる書籍名、雑誌名はすべて二重カギに統一した。

教育実践篇

人間を作る法（中）

第六章　入学難と就職難に勝つ法

頭注版㉕一五六頁

二人の就職希望者の実例

頭注版㉕一五六頁

「生長の家」を創めました当時はそうでもありませんでしたが、光明思想普及会が設立され、生長の家の光明思想が一層大きく喧伝せられるように

光明思想普及会　昭和九年十一月に著者が設立した出版社。設立時の顧問は著者、社長は宮崎喜久雄。ここで最初の『生命の實相』全集（黒布表紙版）が発行され、月刊誌『生長の家』も引き継がれた

喧伝　世間に盛んに言いふらすこと

なりましてから、色々救済されたい人が「救済されること」の押売りに、たくさんこられるのであります。私は一定時間に道場で求道者にお目にかかるほか、どなたにもお眼にかかりませんから、詳しくは知りませんがそういう話であります。光明思想の普及事業を世の中の弱者に救恤を与える慈善事業のように思っている人があるのは間違であります。光明思想というものは、人生をそういう救済者と被救済者との対立の世界には見ていないのであります。救われねばならぬような弱者なる人間は、神の造り給えるこの世に本来存在しないという思想が、光明思想であります。人間は本来神の子であるというのが光明思想であります。先刻もある人が私宛に履歴書を送って来られまして、色々貧困の惨状を述べ、救うと思って先生の秘書にでも置いて欲しい、私は永年雑誌記者その他の文筆を職としたものであるから、先生の秘書的仕事ならば出来るだろうと思うからお側に置いて欲しい、というような文面だったそうであります。私はどんな親展書でもこの頃

救恤　困っている人に金品を与えて助けること

親展書　「親展」は本人が開封するよう希望すること。「親展」の語を封書の宛名の脇に記した手紙

は私自身最初に封を披いて読みませぬ。親展書で色々の問題を持ちかけて来られる人があまりにも多くて、それを全部披いて読んでいたら読むだけに毎日の全時間を費して、そのため結局誰にも返事が差上げられなくなるからであります。それで、私のところへ手紙が届くのは多くの手紙を披く係がありまして、その係の人が濾過装置になって、その濾過装置を通過して来た純粋純情の手紙だけが私の手許に届くのであります。これは、あまりに皆様から愛して頂く悲哀であります。私一人では読み又は答え切れない、私の代りに訓練された多勢の係があって私の代りに返事を書いて頂きます。そのために私は時々手紙の発信者から叱られるのであります。返事が乱暴であったとか、言葉が不遜であったとか、冷淡であったとか、も少しシンミリ誌友の一人一人に返事をして欲しい、『生命の實相』の中には一々返事をしたという記事もある、あれは嘘か、インチキかという小言であります。誌友が少なかった頃は執筆の傍ら、一々私が丁寧に返事を書きましたが、この頃は

濾過装置　水などをこして不純物を取り除く装置

不遜　思い上がっていること

誌友　狭くは月刊誌『生長の家』の読者を指し、広くは「生長の家」信徒を指す

あまりに多数で時間がないので自身で返事が書けないというお断りを差上ると、それでは「人間は無限能力」だという貴様の根本思想に背反しているではないかというような手酷いお叱り方であります。だけどもこういうお叱りをせられますのは、光明思想を皆見当違いをしていられるのであります。私が答える能力がないのではない。私は常に書籍となって答えている。『生命の實相』全集二十巻を本当にお読みになれば、どんな場合にも応用出来る、それに対する答は書いてあるのです。それを読まないで、問いを発せられるのでは、これは私に答える能力がないのではなく、答えているのに聞く能力がないのであります。

話が元に帰りますが、この「救済すると思って雇って欲しい」というような歎願書に履歴書を添えた手紙も、途中で誰か文書係の濾過網にひっかかって、その文書係から、「生長の家本部は光明の本体であって、一身を献げて世を照らす光明思想を普及する決心のある献身的人間のみの団体であ

背反　くいちがうこと。矛盾していること

全集二十巻　本全集の底本である愛蔵版や昭和十年より刊行された黒布表紙版などの二十巻本を指す

生長の家本部　「生長の家」発祥当時は住吉村の著者の自宅が本部を兼ねていた。昭和九年八月に東京に移転した

って、団体の本部が、自分が救済して欲しいという人の集団になってしまっては、本来のこの団体の使命を完うすることが出来ないから、そういう救済して欲しい人は本部員に来てもらうわけには行かない」というような意味の返事を差上げたのだそうであります。するとその人は、その翌日「自分はこういう原稿を書き得る能力のあるものであって、これは或る雑誌社から書くように頼まれた原稿の一節である。まだまだ続くのであるが、こんなものでよろしければ『生長の家』に使って欲しい」といって来られたのであります。それには、原稿の見本が入っていたのでありますが、その原稿には「何だ、人を救うという光明思想の団体だと称しながら、貧しい人がこんなに謙虚にたのんでも救ってくれないとは、世を救うことを看板にしている偽善的団体ではないか」というような鋭い攻撃的精神が全文を貫いていて、光明思想普及会の役員の誰々に会ったら、こんな冷淡なことをいったとか、又某に会ったらこういう冷淡なことをいったとか、というようなことを

謙虚　控えめでつつましく、へりくだっているさま

「訪問記」風に書いてあって、「この原稿は、まだほんの入口だがこれからどんな讒誣の文章でも自由に曲筆舞文し得るのだ、現にこれは某雑誌社から頼まれて書いた原稿だからこう原稿を書いて発表されて迷惑ならば、この原稿を買うか、俺を雇うかせよ」というような脅喝的な意味が書いてあった由であります。

無論、そういう原稿は係りの人がその人に送り返したのでありまして、それが何という名前の人だか私は存じませんが、「生長の家」を讒誣中傷する多くの文章はこういうふうにして書かれているのであります。そんな雑誌記事を読んで本当にしている人もあるのは甚だお気の毒に思うのであります。

「己れ先ず侮りて人これを侮る」という諺がありますが、こういう人は「己れを先ず侮って」救恤を受ける資格ある者と思い救恤が受けられなかったら「己れ更に自己を侮りて、脅喝によって救恤を得よう」とするので

讒誣　事実無根の事を言いたてて他をおとしいれること
曲筆舞文　事実を曲げ、故意に言葉をもてあそんで書くこと。舞文曲筆

「己れ先ず侮りて…」『孟子』「離婁章句上」にある言葉。自分で自分を尊重しない者は必ず人からも侮られるようになる、の意

あります。こういう人はどんなに脅喝せられても御雇いして差上げること
は出来ないのであります。

それとほとんど同じ日に私は道場で一人の青年に会ったのであります。その青年は私に就職のことを依頼はしなかったのであります。唯その青年は、私にこんなことを言ったのです。自分は現在北海道の或る会社に就職口があって、そこへ行きたいと思うのであるが、父がそれに反対する、その理由の一つは、この寒い季節に息子をそんな遠方へやりたくはない。なるべくこちらで就職して欲しいということ。もう一つは、その就職先の会社の社長の人格を父が知っていて、今迄随分無理な非道いことをして金を儲けて来た人であるから、そういう人格の社長のいる会社に自己の息子を托したくないというのであります。しかしその青年自身は考えるのに、自分は既に『生長の家』の誌友であり、人間は寒気に触れても害を受けるような、そんな不確な脆弱な存在ではないと知っているから、寒気に抗して北海道へ

脆弱　もろくて弱いこと

就職に行くのを父が心配してくれるのは有難いが、そんなに心配しないでも好いと思うし、社長の人格が悪いとか何とかいうけれども、人間の実相は神の子であるから、本来悪人というものはない、本来何人も皆善人であるから、その実相を見るようにして仕事をするならば、その社長も神の子であるから、必ず善くなって、自分の信頼するに値いする社長になるだろうと思うから、過去に於てその社長の人格がどうあろうとも意に介するに当らない、と父に申しましたが、父はなかなか承知してくれないのです。どうしたら好いでしょうか。「生長の家」は大調和の教えですから、父と調和するまでこちらにいて家事にでも奉公していればよろしいでしょうか。しかしそうしている間に北海道の方の就職口が無くなってしまうかも知れません
――とその青年はいうのでした。
「就職口はそこ一つだと思うからいけません」と私は答えました。「第一、お父さんと調和しなければなりません。調和すれば一切万事が調う。本当に

意に介する　気にする

あなたが父と調和しようという気持になったとき、父の心と調和したところにあなたの就職口は見附かるでしょう。」その青年はその時私に礼をいって、「それでは父の心に調和するようにつとめます」といったのでした。私は後で、その青年を別室へ呼んで、「生長の家へ来て働く気はないか」と申しました。たちまち、その青年は父と調和して父の住居の近くにその就職口を得たのでありました。

有たざる者は尚奪われ、有てる者は尚与えらる

以上の例話は何を語るとお思いになりますか。前者、即ち零落れたる雑誌記者は「自分は生活に困っているから救恤を受くべきものだ」と自己自身を見くびり、自己を救恤せざるものを恨み、手段を弄して脅喝してまで自分の生活費を得ようとして結局断られたのでありました。後者、職業を

頭注版㉕一六一頁

有たざる者は… 『新約聖書』「マタイ伝」第二十五章、「マルコ伝」第四章、「ルカ伝」第八章にあるキリストの言葉

弄する もてあそぶ

得たる青年は、悪人だといわれる社長にも「神の子」なる実相を見ようとし、困難を見ず、寒風と積雪の北海道に、平然として仕事を求めに出でんとし、しかも尚、我意を通さず、父の愛と調和せんとして努力している掬すべき風格が見えたので、たちまち就職口を得たのであります。

ここに私は、教育とは何ぞやということを知るのであります。「ひとのみち」教団では「貧乏」はその人の「心の間違」を知らせるための「神示」であって、その人自身の「心の間違」が直ったら貧乏も治るのであるから、貧しき人を助けるのは罪悪である、といって救ってくれません。「生長の家」ではそれを救ってくれますか——といって質問状を寄越された人もあります。「ひとのみち」で本当にそういうのかどうかは知りませんが、「生長の家」で申しますところの「三界は唯心の所現、肉体も環境も心の影」だという「心の法則」から申しますと、まさにかくあるべきはずであります。しかし、貧乏は神示であるから救うことは必ず罪悪だと、一方的に凝

掬する　気持ちをくみとる。推し量って理解する

「ひとのみち」教団　大正五年に御木徳一が御嶽教徳光大教会として立教し、昭和六年に扶桑教ひとのみち教会と改称。昭和十二年に不敬罪で解散を命じられる。昭和二十一年、徳一の長男徳近がPL教団（パーフェクトリバティ教団）として復興させた

三界は唯心の所現　仏教語。一切衆生が輪廻する欲界・色界・無色界の三つの世界の全ての事象は心の現れであるということ

り固ったことは生長の家では申しませぬ。救っても好い心の状態になったときに、この後者の青年のように「生長の家」はたちまち救うのでありまして、まだ救っては却って心境の好転に悪い状態だと思われる心の状態にいる人に対しては、どんなに困っていても救わないのであります。否、かかる人は、心境の改まらざる限り自己の運命が決して好転するものでないことを知ることが、本当の彼の救いになるのですから、彼を救わないのではない、彼を救わないことが本当に彼を救いつつあることになるのであります。

生長の家は鉄鎚の教育法

かつて私は、数ヵ月の慢性胃腸病の児童を「お腹が痛いというときは天井から吊り下げて棒で擲んなさい。このお子さんは病気ではないのに同情を求めて、潜在意識が病気を仮作しているのですから、同情を求めたら却っ

頭注版㉕一六三頁

鉄鎚 大型のかなづち。転じて、厳しい命令や制裁の意

潜在意識 人間の意識のうち、自覚を伴わないが心の奥底に潜んでいる意識。全意識の九十五パーセントを占め、人間の行動のほとんどはこの影響を受けているとされる。本全集第十一巻「精神分析篇」参照

仮作 仮に作り出すこと

て不結果になるということを知ったら治るのです」と、その子供の目の前で叱責したために、その日からその児童の慢性胃腸病が治った実例をお話したことがあります。結核で親に縋って、「もう死ぬ、死ぬ」といって親を困らせていた青年に、独立自主の生命を教えるべく、親をして構わしめないようにしたとき、その結核が治った実例を挙げたこともあります。

光明思想は感傷主義のいわゆる慈善主義ではありません。仮相の人間の弱々しさに同情して、その弱々しさを益々のさばらせ蔓らせるような救済事業ではありません。

光明思想とは生命本然の力の教育であります。生命本然の力を押し隠して、他の救済の力に頼るような「卑屈人」養成事業のいわゆる「慈善」ではないのであります。キリストのいったところの「有たざる者は尚奪われ、有てるものには尚与える」ところの教育であります。そんなことをいったら「有たざるところの貧しき人」は立つ瀬がないと思われるかも知れません

結核　結核菌が肺などの臓器に感染して起こる慢性の伝染病

感傷主義　理性よりも感情を重視する傾向・態度。センチメンタリズム

慈善主義　情けやあわれみをかけた援助を重んじる立場

卑屈人　自分をおとしめて他人にへつらう人

キリスト　イエス・キリスト。紀元前四年頃〜三十年頃。パレスチナのナザレの大工ヨセフと妻マリアの子として生まれた。パレスチナで教えを宣布し、多くの奇蹟を起こした。ローマのユダヤ総督ピラトによって磔に処された。キリスト教の始祖

立つ瀬がない　立場がなくなる

が、如何なる人でも、彼が人たる以上は、必ず神の子の力が賦与されているのであります。この実相を知らすのが光明思想の教育であります。人を「神の子」として尊び仰ぎ瞻て、決して物質的ルンペン的存在だと観ないのであります。この実相を知らされた時、彼はたちまち「既に有てる者」となり、「有てる者は尚与えらる」の生活に入ることが出来、能力でも富でも供給無尽の生活に入ることが出来るのであります。

教育の根本目的

教育の根本目的は才能を仕込むことではありません。先に掲げた雑誌記者は、翌日直に数十枚の原稿を起草してその筆力をもって脅喝し得るほどの才筆の持主でありますが、それが人から救恤を得なければならぬ状態であるのは、行く先々で恐怖され、嫌悪され、持たぬものは尚奪われる結果とな

賦与 分け与えること。特に、神が分け与えること。もって生まれること

ルンペン lumpen ドイツ語。収入がなく、ぼろをまとってうろつき歩く者。浮浪者

頭注版㉕一六四頁

起草 文章を書き始めること

才筆 すぐれた文章を書く才能

っているのであります。

才能はあれども、自己を軽蔑するものは、その才能の鉾を逆まにして自己を傷けることかくの如しであります。自己が「神の子」であると知ったとき、自己を本当に尊ぶべき存在だと知ったとき、そんな卑怯な、得られないところの葡萄の果を罵った「イソップの狐」のように、得られない就職先を罵るような痴行を弄することが出来ないのであります。

生命の火花に点火する教育

教育とは、鉄鎚であって、温床ではないのであります。鉄鎚ひとたび到れば火花飛び、自己内在の生命の火花に点火され、その火力によって自己みずからを熔かし出し、純鉱と夾雑物とを自然に分離する底の力を有するものでなければなりません。私自身は尋常二年生のとき算術が三十七点で

「イソップの狐」　「酸っぱい葡萄」の題で知られる寓話。狐が高い所の葡萄に届かなかったために、その葡萄は酸っぱくてまずいものだとののしった。自分の能力の低さを正当化するために相手をおとしめて負け惜しみを言うこと

痴行を弄する　おろかな行いをする

頭注版㉕一六四頁

純鉱　混じりけのない純粋な鉱物

夾雑物　不純物。混じりもの

底　ほどあい。程度

尋常　尋常小学校。明治十九年に設置された満六歳以上の児童に初等教育を行った義務教育の小学校。修業年限は当初四年、明治四十年からは六年となった

算術　旧制の小学校における教科名。算数

あって、不合格の評点を受けたとき、養父より「不合格とは不具者のことである。貴様は不具者でないのに、不合格とは何事だ。人間は為そうと思えば、当り前の人間であれば何事でも出来ないということはあるはずはない。お前は当り前の人間であるのに、不合格とは何事だ！」と火の点くように叱咤されたが、それ以来、私はズッと成績優良で通して来たのであります。その時お前は「神の子だ」とはいわれませんでしたが、「不具者でない人間、当り前の人間ならば為そうと思って出来ないことはないはずだ」という鉄鎚の如き叱咤が、自己内在の力に火を点けたのであります。教育とはこの「内部の火」を点ずることでなければならないのであります。

成績が良くなった動機の実例の考察

この「内部の火」を神性と申します。この「内部の火」の点け方には色々

養父　石津又一郎。その妻が養母谷口きぬ。数え四歳の著者を養子に迎えた

かたわ者　身体の一部に障害がある人。不具者。障害者

頭注版㉕一六五頁

ありますが、鉄鎚の如き叱咤もその一つであると思うのであります。本日、「子供の成績を優良にした体験を語る座談会」に出席致しましたが、砧村小学校の栗原訓導が、成績のよくなった子供に、「どうして自分の成績がよくなったか」という感想文を書かせられて、それを発表せられましたが、そのほとんどすべては易しい学科を熱心にやっていると、だんだんよく出来て楽しいので、出来るという自信を得て他の学科も熱心にやる気になり優等になったというのでありました。その中に唯一つ変な回答があるとその時栗原氏はいわれました。その回答にはこう書いてある。「自分は弟であって跡継ぎではないから奮発しなければならぬといわれたので、一所懸命勉強するようになったら成績がよくなった」と書いているのであります。「跡継ぎでないから奮発しなければならぬ」とこの少年は自覚した。そこに内部の生命に火が点ぜられたのであります。金持の長男や、跡取り息子に凡庸児が出るのも、自分の力でなしに、親伝来の位置や財産という外物に頼って

砧村小学校　明治三十五年創立の砧尋常高等小学校。現在の東京都世田谷区立砧小学校

訓導　旧制の小学校の正規の教員。現在の教諭にあたる

奮発　気力をふるい起こすこと

凡庸児　平凡で、特にすぐれたところのない子供

いるからであります。外のものに頼るものは自己内在の生命に火が点いて来ないのであります。自己内在の生命に火を点ける――これが教育家の使命であります。

私は教育専門家でありませんから、各学科の教授法に如何なる技法を必要とするかは詳しく知りません。しかし教育の大綱はこの「自己内在の生命に火を点ける」ということで尽きていると思うのであります。易しい学科を面白いと思って熱心にやっているうちに、「自分は出来る」という自信を得て、ついに難しい学科も出来るようになったというのも、自己内在の生命に火が点いたのであります。

大綱　基本となる根本的なことがら

頭注版㉕一六七頁

自信の正体

自己内在の生命に点火したことを自信を得るという。私が何の教育学の素養もないにもかかわらず「あなたは『神の子』ですから、きっと成績がよくなるのですよ」と一言いってその児童の頭を愛撫してあげた結果、たちまちその児童の成績が改善したという例が往々にしてあるのは、私が一つ一つの学科の灸所を教えたからではなく、全体としてその児童の本性にあるところの「神の子」に点火したからであります。

一つ一つの学科の灸所を教えることも必ずしも無駄ではありませんが、その人（又は児童）の全生命に点火せられねば何の益がありましょう。彼れ如何に文章をよくするとも、その文筆によって人を脅喝するための道具にするようで何になりましょう。彼れ数学をよくするとも、その数学により私利私慾を算出するに巧みにして国家の鉄道を私腹に呑み込む十呂盤玉を弾くようでは何になりましょう。一切の技能的学科ことごとく「我れ神の子」の自覚に点睛せられないでは生命を得ないのであります。

素養　普段の勉学や修養で身につけた教養や技能
愛撫　可愛がってやさしくなでること
灸所　灸を据えて効き目のある場所。つぼ
私腹　自分の利益や財産
十呂盤玉を弾く　損得を計算すること
点睛　動物の絵の最後に瞳を描き入れて完成させることから、欠くことのできない重要な点を最後に加えて物事を完成させること

学科の興味の正体は何か

頭注版㉕一六七頁

易しい学科を一所懸命にやっていたら「我れ出来る」という自信を得て興味が湧いて来たので他の学科も熱心にやるようになって優等生になった――これ、自信と興味との関係を語るものであります。学科が面白くない時には生徒の興味が湧かないのでその為に学業が進歩しないから、先生が生徒の興味を喚起するように教育しなければならないのは当然のことであります。これはある程度迄必要であり、外から興味を賦与するところの教育技術の問題であります。しかし、教育にはもっと深い根本的な問題があります。学科に興味が湧くとか興味が湧かぬとか申しますが、学科そのものは死物であるから学科が興味を感ずるのではありません。興味を感ずるのは、人間が興味を感ずるのです。人間自身が「興味」それ自身になったときあら

喚起 よびおこすこと

ゆる学科が興味の熔鉱炉に熔かし込まれてしまうのであります。人間自身が「興味」それ自身になるとは、その人間の内部生命に火が点くということであります。「生長の家」式にいえば、「実相」に火が点くということであります。埋没されていた「神の子」なる実相に火が点ぜられ、それが表に輝き出でるということであります。火が点ぜられれば、その周囲は自然に一切が明るくなるように、自己自身が興味の火焔となれば、あらゆる学科を興味の光で燦然と照し出すことが出来るのです。易しい学科で自信を得て、「自分は出来る」という自信を得れば、難かしい学科にも興味が出る。興味は自己の「出来るの自覚」にあって、学科そのものには存在しない証拠であります。

「出来るの自覚」――これが学科に――いや、人生の一切に対する興味の中心となるのであります。一つ一つの学科や仕事に対する「出来るの自覚」だけでは、学科が変り、職業が変る毎に、その「出来るの自覚」がぐらつい

熔鉱炉　高温で金属の鉱石をとかして製錬する装置

燦然　光り輝いているさま

て来て「出来なくなる」かも知れないのであります。だから、吾らの「出来るの自覚」はもっと根本的なものでなければならないのであります。根本的に「一切出来るの自覚」を得なければならないのであります。これは「吾れ神の子の自覚」のほかにはないのであります。文筆だけ出来て、生活し得る自覚なくば、その文筆によって脅喝をしなければならぬようになるのであります。数学だけ出来て「我れ生活し得る」の自覚なければ、その人は私利を貪って生活を保証するために不正なことをしなければならなくなるのであります。

十里の公役に二十里行けるの自覚

「我れ神の子の自覚」は「一切出来るの自覚」であり、一切のものに興味を起し得る自覚であります。一切苦境に処しても、その苦境にさえ、「我れ既

頭注版㉕一六九頁

十里の…行ける 『新約聖書』「マタイ伝」第五章にあるキリストの言葉

に幸福なり、自在なり」の自覚であります。難かしい学科を逃げるのではない。「十里の公役を強いられなば、喜んで二十里を行き得る」自覚であります。汝の右の頬を打つ者あらば、左の頬を差し向け得る自覚であります。一切が歓喜となり、興味となり、歓びとなり得る自覚であります。

「生長の家」はこの自覚を与えるために鉄鎚の教育を施すところであって、安価な甘い感傷主義の慈善を施すところではないのであります。医療不治の重病人が立ち上って奇蹟的治癒を得る経過を見よ。彼は自己を病人とし、いたわるべきものとして甘やかすことの愚を悟り、「我れ神の子なり、何ぞ他者に頼るの必要あらんや」の自覚を得たときに快速に治癒するのであります。「生長の家」を肉体に治療を施す病気治療の団体なりと思うが如きは誤れるも甚だしき観察であります。すべて自己の内に「神の子」を悟らざるものはすべて病人であります。その悟らざる心境が偶々肉体方面の欠陥となって現れたのが「肉体の病気」であり、学業方面に現れたのが「成績

右の頬を…差し向け得る　『新約聖書』「マタイ伝」第五章にあるキリストの言葉

不良」であり、境遇方面に現れたのが「貧乏、災厄」であります。いずれも「我れ神の子の自覚」なきことが本源となって顕れるのでありますから、「神の子の自覚」なしに本源を浄めずして、「肉体方面の現れ」(病気)を治そうとすれば、医者に金を払って貧乏病となるのであります。肺病などは「金喰い病」とまでいわれていて、医者に金を払うという行為によって多くの病気が治るのは明かにこれは、「心の病」即ち「神の子の自覚」の欠乏の顕れが、一方即ち「肉体病」から他方即ち「経済病」に転換したのであります。だから、その根源になる「心の病」の治らないままで肉体病の治りたい人は、医者にどしどし金を払って、「肉体病」を「経済病」に転換してしまえば治るのであります。これは仏教でいう「業」の流転であります。「業」は一つの顕れから、他の顕れへと転じて行くものであります。私の病気には医者がきかぬなどという人がありますが、それは医者への金の払い方が足らぬからであります。或いは、医者に金を払いながらも惜しい惜しいと

災厄　思いがけない不幸なできごと。わざわい

仏教　キリスト教・イスラム教とともに世界三大宗教の一つ。紀元前五世紀頃、釈迦がインドで説いた教え

業の流転　いったん起こった行為は必ず何かの原因があり、さらにその行為は次の行為に大きく影響する。その繰り返しを総称する言葉

思っているからであります。つまり業の流転のさせかたが足らぬから、その人の業が依然として、肉体的病気という一ヵ所の停留所に停頓していて、他の形態をとって流転せぬからであります。淫祠邪教に金を払ってさえ病気が治るのでありますから、医者に金を払って病気が癒らぬなどというはずはないのであります。よくよく考えて、医者にたくさん金を払うようにしなさい。それも惜しい惜しいなどと思わぬようにして金を豊富に支払えば治るのであります。一燈園などに飛び込む人で、往々にして医界不治の病気などの治るようなことが起りますが、一切の財産を捨てて黒の筒袖一枚になったところに、肉体病が貧乏病に転換して、業が流転し去って治るのであります。

三界は唯心の所現であり、業の流転でありますから、その根本原因たる「心」を治さないでいて「不幸」を取除こうとすると、それが他の形の「不幸」になるのは当然であります。病気は治ったが貧乏になったという人もあ

停頓　とどまること

淫祠邪教　いかがわしい神や仏をまつる教え

一燈園　明治三十八年に西田天香が京都に創立した修養団体。托鉢や奉仕の生活を実践している。本全集第七巻「生命篇」下巻第十三章、第三十二巻「自伝篇」中巻等参照

筒袖　筒のような形の細い袖に仕立てた着物

りますが、児童の「成績不良」というのも業の所現でありますから、「成績不良」ばかりを治そうとしてやたらに学業を詰め込むと、家庭教師や参考書代に金を払って「成績不良」という「業」の現れは消える代りに「貧乏」という「業」の現れとなって出るか、あまり詰め込んだり、入学試験に恐怖した結果、児童の健康を損ねて、成績不良が「病気」という業の現れに転換して出て来たりするのであります。

成績不良——病気——貧乏——こういうふうに一つの業の現れは、動機を与えて流転せしめると形は変化して出るけれども、内容に於ては、依然として我等にとって「不幸」なるものとなって、その人に潜在せる業が形を顕すのであります。そういう人が、何か事業に成功して金持にでもなるとしますと、子供が不良青年になって成績不良になって顕れ、或は、妾でも蓄えて家庭が不和になってみたりして、業は循環流転して、その不幸は尽くるところを知らないのであります。病気の治療でも対症療法というのがそれで

妾　正妻のほかに経済的援助で養われる女性

対症療法　病気の根本を治すのではなく、表面に現れた症状を和らげるための治療法

ありまして、病気の根源、病気の本体を衝かないで、一つの症状を攻撃する——例えば、高熱で苦しいので熱を下げるために解熱剤を用いますと、一時高熱は下って、下っている間は苦痛は少いのでありますが、体温は抗菌作用として高まるのですから、熱が下っただけ病菌の活力を増し、或は血液中に薬毒の侵入を受けてピリン疹を生じたり、時には胃腸を害したり、心臓に悪影響を与えたりするのであります。そんなことが仮に起らない完全な治療法を行うとしますと、病気は治って貧乏という経済的に転じたりします。苦しい業の顕れは、その一つを避けようとして攻撃すると、このように必ず他の形に業が転じて依然として我々の苦しみは尽きないのであります。

こんな事では吾々は永遠に業の苦縛から脱することは出来ないのであります。ではこの業の苦縛から脱する道はないのでしょうか。否、否、それはないことはありません。自己内在の「神の子」を悟ることであります。自己内在の「神の子」を知ったときに「神の子」は既に一切の業が贖われていま

ピリン疹　解熱剤や鎮痛薬として用いられるアミノピリンやスルピリンなどのピリン系の薬剤の副作用によって生じる発疹

苦縛　さまざまな苦しみによって束縛されること

贖う　つぐないをする

すが故に、もうそのような業の流転の世界に這入ることはないのであります。キリスト教的にいえば既にキリストは、吾等に代って磔けにかかって業(罪)をつぐない給うたが故に、キリストに結び着いて、「吾れ神の子」と悟るときは、吾らはもうこの業の苦縛に縛られるということはないのであります。仏教的にいえば、法蔵菩薩は既に吾らの一切の業を横超すべき本願を成就して阿弥陀仏となり極楽浄土を造り給いし故に、吾ら阿弥陀仏の本願につながり「我れ仏子なり」と自覚するときは、もうこの業の苦縛を受けることはないのであります。

ひとたび、「我れ神の子なり、我れ仏子なり」との自覚を得るとき、我等は心の底より、一切の業苦を横超する世界に出ることが出来るのであります。第三者より見て尚困難と見ゆる世界に彼は住むといえども、彼は既にかかる困難を横超せるが故に、困難としては感じないのであります。彼にとってはなお盤根錯節はありといえども、既にそれは苦しみではないのであり

キリスト教　ユダヤ教を母体としてパレスチナに興る。世界三大宗教の一つ。唯一絶対の神を奉じ、現在に至るまで欧米文化の基盤をなしている。イエス・キリストが始祖

法蔵菩薩　阿弥陀如来の修行時代の名

横超　仏教語。阿弥陀仏の本願の力で迷いの世界をとびこえて、極楽浄土に往生すること

本願　『無量義経』に説かれる阿弥陀仏が法蔵菩薩であったときに立てた四十八種の誓願

阿弥陀仏　一切の衆生を救うために四十八願を立てて修行し、仏となった。浄土宗・浄土真宗の本尊。阿弥陀如来

盤根錯節　物事が複雑に入り組んでいて、処理や解決に困難をきわめること

ます。

盤根錯節は「生命」がたわむれるための一つの運動具である。諸君はスキーを多難だというか。登山を不幸だというか。ゴルフを艱難だというか。競泳を悲惨だというか。如何なる苦しみも戯れに化するとき人生は光明化し、そこから剛健なる無限の生命力が湧いて来る。(『光明の生活法』より)

とあるように、その人にとっては人生の一切が、平凡な茶飯事も困難も苦痛も一切が光明化してしまうのであります。人生の一切に光明を点じ、希望を点じ、興味を点ずるのは「汝、神の子なり」のこの中心教育より来るのであります。

艱難　困難に直面して苦しみ悩むこと

『光明の生活法』　昭和十年に光明思想普及会より初版発行。『生命の實相』全集「生活篇」がこの書名で発売された。上記の言葉は本全集第十二巻「生活篇」上巻二頁所収

茶飯事　日常の普通のこと。ありふれたこと

第七章　優良児の創造

頭注版㉕一七五頁

学業が優秀となるには、精神統一、又は精神集注が完全に行われなければならない。事新しく論ずるまでもないけれども、単なる学業成績の向上のみならず、目的貫徹には、精神統一力が如何に必要であるかは万人周知の事実である。それにもかかわらず、家庭でも学校でも精神統一法の指導をするところは少いのであって、入学試験準備に当っては、唯ただ試験恐

集注　一つのところに集めること。集中

怖の拍車をもって追いかけつつ唯一つ「詰め込み方法」しか方策がないのは実に愚かなことではあるまいか。

自然のままで放任する時は、或る児童の精神は散漫であって学業に精神統一が行われない。或る児童は、精神が統一しやすく、学科に対して注意が極力集注するのである。そして精神散漫の児童は成績が不良であり、精神統一の完全に行われる児童は成績優良である。学校を参観してみても、教師の一言一語に対して視線が注がれ、一々頷くような表情をしている児童は、精神統一の完全に行われている児童であって、必ず成績優良なのである。そして誰しもが、自分の児童の学業成績の向上を熱願しながら、そして又、学業成績と精神集注との関係を熟知しながら、さて学業成績の向上のためには、ひたむきにいわゆる「勉強」のみを課して、精神統一の実修法を課さないのは何たる迂闊なことであろう。

ここまで述べると、優良児童の創造には「精神統一法」というものがあ

拍車　乗馬靴のかかとに取り付けて馬の腹に当て、速く走らせる歯車状の金具。物事を速く進めさせるもの
放任　干渉しないで放っておくこと
散漫　気が散って集中力がないさま
熟知　よく知っていること
迂闊　うっかりしていること

ったんだなと、世の父兄は今更のように気がつかれるであろうが、それでは精神統一法とは、どうすれば好いのであろうか。坐禅、催眠術、心霊術、生気法、静坐法、何々式と、色々のものが坊間にあって、その効能を吹聴しているので、諸君はおそらくその選択に迷われるでありましょう。それから中には推奨に価いするものもありますし、却って悪効果を及ぼすものもあるのであります。

無念無想と精神統一との区別

「精神統一を色々と修行してみましたけれども、どうも無念無想になりません、私にはどうしても精神統一は好い具合に行われません」という人がなかにはあります。こういう人は、精神統一というのは、精神が活動しなくなって、何もわからなくなることだと思っていられるようであります。私はそ

心霊術　霊的エネルギーを患者の肉体に送って治療すること。心霊治療

生気法　生気術。大正時代末期から昭和初期にかけて大流行した「生気自強療法」。石井常造陸軍少将の創始。本全集第八巻「聖霊篇」上巻等参照

静坐法　落ち着いて呼吸を整え、静かにすわる修養法。明治から大正にかけて岡田虎二郎が創始した岡田式静坐法を指すこともある

坊間　町の中。世間

吹聴　言いふらすこと

頭注版㉕一七六頁

無念無想　ここでは何も考えないことをいう

ういう人に、「何も考えなくなり、何も思わなくなり、何も聞えなくなりたいのだったら、石になるか、死んでしまうか、眠ってしまうかなさい」と申すことがよくあります。精神統一とは茫然となることでも、恍惚となることでも、前後不覚になることでも、睡眠することでも、石になることでもないのであります。精神統一とは、精神の活動の極の極でありまして、坐禅の際に、立てておいた線香の灰の落ちる音までもハッキリ判るというそれほどの精神明澄の境地であります。

凝念と精神統一との区別

精神統一という語を「凝念」の意味に用うる人もありますが、「凝念」とは一事物に「我執の念」を集注することでありまして、一時的には有効な場合もあり、効果をあらわすこともありますけれども、本当の正しい精神統

恍惚　うっとりするさま。意識がはっきりしないさま

前後不覚　前後の区別もつかなくなるほど、正常な判断ができなくなること

明澄　明るく澄みわたっていること。そのさま

頭注版㉕一七七頁

我執　自分の考えや判断にとらわれて離れられないこと

一法ではないのであります。かくの如き「凝念」の作用によっては、精神集注の極、一時的に机上のラッパや手風琴を浮揚せしめる位の手品的実験の出来る場合もありますが、そういう力では、世界を動かすような、環境全体を飴のように捻じ曲げるような、広汎な力は出て来ないのであります。私は亀井三郎氏という、机上の物体を凝念と、凝念によって招ぶ霊の力にて浮揚せしむる霊媒の実験を見たことがありますが、その実験後激しい疲労を感じて数日間は休養を要するのでありました。机上の手風琴を「凝念」の力にて動かしてその結果心身疲労して数日間休養を要するのでは、現実の手をもって手風琴を持上げる方が、よっぽど手っとり早く、疲労も感じないのであるから、そんなことが精神統一ならば断然排斥すべきものであります。伊賀駒吉郎氏がその著『宗教大観』に於て生長の家の「神想観」をば「凝念法」と混同して、テーブル浮揚の例を引用して批評しているなどは、教育者として、もっと慎重に研究せられるべきものであり、氏の学者

手風琴　アコーディオン。鍵盤やボタンを備えた蛇腹を両手で伸縮させてリードに風を送り、音を出す楽器

浮揚　浮かび上がらせること

広汎　範囲が広いこと

亀井三郎氏　昭和初期、物理現象を引き起こす霊媒として有名であった。本全集第十八巻「霊界篇」下巻第三章、第四章等参照

霊媒　日常の世界と霊の世界を媒介する特殊な能力を持つ人

伊賀駒吉郎氏　明治二～昭和二十一年。教育者、心理学者、宗教学者。関西の教育界の第一人者として知られ、大正六年に私立甲陽中学(現在の甲陽学院中学校・高等学校)を創立した

『宗教大観』　昭和十年、樟蔭女子専門学校出版部刊

的良心は必ずや、追て是正せられることだと思うのであります。

正しき精神統一法

正しい精神統一というものは、無念無想でもなければ、一念不動の凝念でもないのであります。正しい精神統一法とは、そんな無理な精神の緊張や、肉体の凝った緊張から全く解放されたるものであります。統一とは「一事」に観念が固着することではなく、目的とする一事を中心としてすべての心の働きが円滑に摩擦なしにスラスラと、すべての精神活動が統一的に目覚めつつ円満に運転することであります。「凝念」では精神は苦痛を感じ、肉体は疲労を感じますが、完全なる精神統一状態に於ては、すべての精神活動が円満に相連絡統一して順調に運行するのでありますから、精神は喜びを感じ、肉体の血行はよくなり、肉体の疲労感は却って去るのでありま

「神想観」 著者が啓示によって得た坐禅に似た観法。本全集第十四、十五巻「観行篇 神想観実修本義」参照
頭注版㉕一七八頁

一念不動 何事にも左右されないほど、ひたすらに深く思い込むこと

す。吾人の推賞せる「神想観」という精神統一法はこれであって、無念無想でもなければ、凝念でもない。精神活動が一つの目的事物に統べられているから散漫ではない。しかも一つの目的事物に固着したり、凝ったりしていないから、全体の精神活動力が、凝りなく、淀みなく、その目的事物に流れ入り流れ出でて、その目的事物の実現のため栄養を供給することになるのであります。この種の精神統一法を吾々は「神想観」と称して実行しているのであって、これによって学業成績の優秀となった児童が如何に多いかはいうまでもなく、事業を成功にまで齎すのに大いに効果を現した人が多いのであります。

精神統一法としての念仏

正しき精神統一法を知り、且つ行うには、今迄の霊術類似の精神統一上

吾人 わたくし。われわれ
推賞 すぐれた点をほめて、人にすすめること
統べる 一つに集めてまとめること

頭注版㉕一七九頁

霊術 霊的な力を使って行う治療法。または不可知な現象を起こす技術

の知識や、先入観念をスッカリ捨ててしまうことが必要であります。これら在来の精神統一法は、吾等のここに提唱する新しき正しき精神統一法を先入的なものにまで歪めて、その効果を薄弱にする反対効果として働くのであります。例えば、「精神統一とは無念無想になり、何も聞えなくなることだ」と以前に教えられて練習したことのある人は、今度吾等の新しき精神統一法「神想観」を行うに当っても、何か音響が耳にきこえ、心の中に何か思い浮ぶときは、「自分は精神統一は出来ていない、自分は精神統一は下手である」と絶えず自分に対して自己暗示していることになり、精神統一を練習していながら、精神不統一を練習していることと同じになるのであります。誰でも、「自分は精神統一は下手だ」と自己暗示しながら、精神統一の上手になれる人はないのであります。そこに到ってはむしろ他力真宗の「念仏」は易行の精神統一法であります。精神は統一してもしなくとも構わない、ただ「念仏」さえすれば救われるのである。かく信じて「念仏」を繰

先入観念　最初に知った時にできた固定的な見解、思い込み

在来　これまであった

先入的　前もって持っている思い込みによって柔軟な思考が妨げられるさま

他力真宗　他力は、阿弥陀仏の力に頼ること。真宗は、浄土真宗のこと。鎌倉時代初期に法然の弟子親鸞によって立てられた浄土教の一派

易行　仏教語。誰にでもたやすく行うことができる易しい修行

返すとき、念仏には下手も上手もない。従って精神統一中に自分は「精神統一は下手だ」などと自己暗示することにはならない。念仏だけで「既に救われている」との感じが起る。弥陀の智慧光と同体であるとの自覚が起る。かかる自覚が起れば、そのままで全精神が円滑に運行して、事物に当って精神統一が完全に行われ、全ての精神機能が順調に運行して、念仏そのものは現世利益をねがうにあらねど、現当二益を得る結果を得るのであります。仏教特に真宗又は浄土宗の家庭では、子供の学業成績改善にもっと念仏の応用を開拓すべきものだと思われるのであります。

信仰を学業試験に応用せよ

念仏は死後を救うと思っていたのが、念仏が児童の入学試験を救うなどということを申しますと、破天荒なことを申すようでありますが、これは宗

弥陀の智慧光 仏教語。阿弥陀仏の十二光の一つ。衆生の心の闇を照らす阿弥陀仏の智慧の光明

現世利益 現実生活でお蔭を得ること

現当二益 現世と当来(未来)の二つにわたる仏の救い、恩恵

浄土宗 法然上人を開祖とし、平安時代末期に興った仏教の宗派。南無阿弥陀仏と念仏を称える他力の教えを説く

頭注版㉕一八〇頁

破天荒 今までだれも行なわなかったことをすること。前例のないこと

教的見地から如何ようの議論があるにしましても、心理学的見地からは極めて有効であり、且つ祖先伝来の宗教と生活とを調和させる上からも、大変結構なことなのであります。「生長の家」を、仏教排斥の新興宗教だなどと思っている方があれば間違であります。吾々は仏教者には念仏を勧めている、「念仏」の生命に火をつけて、弥陀の無碍光を現世までも照らさせるに何の悪しきことがありましょうか。キリスト教の方ならば、「念仏」のかわりに「主よ。主よ」と称えておれば、ただそれだけで、精神が統一してもしなくとも「主の叡智必ずここにのぞむ」と観念させれば、それが実に素晴らしき精神統一法となり、すべての智能の円満なる運行を得るのであります。「生長の家」では「吾が業は吾が為すに非ず、天地をつらぬきて生くる祖神の権能」という招神歌をとなえさせます。精神が統一しても統一しなくとも好い、ただそれを念ずるだけで、「天地の神仏の叡智我にのぞむ」と信ぜしめ、かく念ぜしむるは、仏教の「念仏」とキリスト教の「主よ。主

無碍光　仏教語。阿弥陀仏の十二光の一つ。何物にもさえぎられない光

招神歌　神想観を始める時にとなえる和歌四首のこと。本全集第十四巻「観行篇　神想観実修本義」上巻参照

よ」と御名を呼ぶのと同一原理であり、同一効果であり、他宗に対立しない「生長の家」は「これらの方法のうち、どちらでも祖先の宗 教に調和したやり方をやんなさい」と教えているのであります。「生長の家」の精神統一法は、「自力的禅定的」精神統一法ではなくて、「絶対他力念仏的」精神統一法でありますから、凝念などの精神的凝りもなく、「精神統一が下手だ」という自己暗示が起らず、「これで万事が救われている」との自由拡大の自覚から、精神の一部的鬱結的凝りがとれて、精神の全ての機能が統一され、その百パーセントの能率を発揮することが出来るようになるのであります。

神想観が「凝念」と相異する、別なるもっと広汎な唯心能現的活動であるというのは、「凝念」の効果は、凝念中にのみ作用するからであります。例えば、実験室の霊媒による心霊的物体浮揚現象は、先ず霊媒自身が、この机上の物体を動かそうという凝念をなして、やがて恍惚状態に入れば、霊媒自身より出ずる一種の精神エネルギーの流動によって、机上の

禅定 仏教語。雑念を払い精神を一点に集中して統一した境地

鬱結 とどこおってふさがること

唯心能現的 心がすべての存在や事象を現してゆく、の意

物体が、手を触れずして浮揚するのであります。しかし、ひとたび霊媒自身が凝念状態より覚めた後には、何の働きも起らないのであります。これでは、吾々は日常生活では常に凝念しているわけでありませんから、実際生活上何にもならないのです。然るに、吾々の精神統一法たる「神想観」に於ては、その精神統一の坐中に於ては何も起らないかも知れない。しかし、その坐中に念じたことが、三界唯心の理によって、日常生活に、環境に、周囲に、客観世界に、何の凝念を用いないでも、客観化して現れて来るのであります。

神想観の効果の実例

昭和十一年二月十九日、光明思想の普及会京城支部をしている山崎勝三郎氏の母堂が、生長の家本部道場へ来られていわれるには、「自分の孫は

頭注版㉕一八二頁

京城　大韓民国の首都ソウルの日本統治時代の呼称。李朝時代の漢城を明治四十三年の韓国併合により改称した。昭和二十年まで朝鮮総督府が置かれていた

母堂　他人の母親を敬って言う語

山崎武といって早稲田大学の法科に通学している。先日勝三郎が内地へ来たときに、『生命の實相』の話をして『神想観』を教えて往ったのですが、半信半疑で、そんなことがあるだろうか位に思っていたのですが、ともかく、『生命の實相』を読んでいました。学年試験が迫って来ましたので、或る晩『神想観』をして眠りにつきますと、夢の中に黒板があらわれて、誰とも知れず、白墨でその上に字を書くのです。そこで孫はその時愕然として目覚めたのです。そして急いでその白墨の文字を手帳に写しとって眠ったのです。翌朝、夢に見たその問題を調べておいて試験場へ臨むと、不思議にもその通りの問題が出たので完全にその解答が出来たといって、孫は『生長の家』のいうことは本当でしたと大変喜んでいました」という話でありました。

このようなのは、凝念の最中に起った出来事でもなく、日常生活中にそのまま起った精神活動の円滑現象であります。この精神活動の円滑現象を

早稲田大学 明治十五年、大隈重信が東京専門学校として創設。明治三十五年、早稲田大学に改称。昭和二十四年に新制大学となった

内地 大東亜戦争終結までは日本列島を内地、それ以外の台湾、朝鮮などの日本領土を外地と呼んでいた

精神統一というのであります。更に吾々の「精神」なるものを、脳髄の表皮細胞内部だけにある「個精神」のみとは観ずに宇宙に遍満磅礴せる「心的内容」そのものであると見るならば、吾等の「心」が「個我」の境を超えて宇宙の全「心的内容」と統一融通するとき、更に如何なる偉大なる事を成し遂げ得られるかを知らねばならない。宇宙は「全て」であるが故に、吾らが宇宙の全「心的内容」と統一融通するとき、宇宙の全運行が円滑状態を発揮し、欲するもの自ら集るという『無量寿経』所載の極楽状態の如きが、そこに顕現するということは想像し得るに難くないのであります。本章に於ては日常生活万般にわたる広汎なる精神統一の功徳を述べるには相応わしくないので、主として教育関係のみに関していいますれば、「神想観」を常にやっている或る人は、高等文官試験を受けるのに、その何千頁かの書籍を全部通読する暇なき故、前日偶々五ヵ所を開いて見たところが、その五ヵ所とも試験に出たということを私に発表して聞かしてくれたことがあり

遍満　あまねく満ちわたっていること
磅礴　広く満ちること。ひろがってふさがること

『無量寿経』　大乗仏教の経典の一つ。浄土教の根本聖典で、浄土三部経の一つ。『大無量寿経』または『大経』ともいう
功徳　神仏の恵み。御利益(ごりやく)

高等文官　大日本帝国憲法下の官吏の等級の一つ。三等から九等までが該当する。天皇が大臣の推薦(奏任)によって任ずる。文官は武官でない官吏の総称

ます。又、京都の某誌友（多分尾本輝三氏の話であったかと思う）は、受験前の児童に、その朝偶々、薬店にライオン歯磨を買いにやらせたるに、「建武の中興」と「日本海の海戦」とを記載せる「仁丹」の広告のポスターを貰って帰った。その子供はそれを読むともなく読んで受験場へ臨みましたら、「建武の中興」と、「日本海の海戦」についての問題が出たので、悉く完全に出来たと発表せられました。又、大久保の松本茂三郎氏の令嬢は尋常六年の国語の試験の日であるのに、その朝、尋常五年の国史の教科書が読みたくなり、それを披いて読んで学校へ行きますと、六年の国語の試験問題が、五年の国史のところから出題されており、しかもその朝披いて見たページから出題されていたので、完全に答案が出来たということを発表されました。

これらは、学童が凝念によって問題を透視したのではありません。神想観によって個精神が、宇宙の全「心的内容」と統一融通したがために、自然に周囲の事情と自分の偶々内部から催してくる行いとが、都合よく往って受

ライオン歯磨　明治二十四年創業の小林富次郎商店（ライオン株式会社の前身）は明治二十九年に「獅子印ライオン歯磨」を発売した

「建武の中興」　元弘三年、後醍醐天皇が鎌倉幕府を倒して京都に還幸し、建武と改元して天皇親政を復活された。建武二年に足利尊氏の離反で頓挫し、南北朝時代となった

「日本海の海戦」　明治三十八年五月二十七日から二十八日にかけて行われた日露戦争中最大の海戦。日本の連合艦隊が司令長官東郷平八郎の指揮下でロシアのバルチック艦隊を破り、日本を勝利に導いた。日本海海戦

仁丹　明治二十六年創業の森下南陽堂（森下仁丹株式会社の前身）が明治三十八年に発売した口中清涼剤

験に必要な智慧を授ったのであります。吾等のいわゆる「神想観」という

精神統一法は無念無想にあらず、凝念にあらず、「そのまま」なのであります。そのまま、宇宙を動かしている全心的活動と、統一的連繫をもって活動することであります。これは信仰によってそうなれるのであります。私はこれから受験せんとする学童は勿論、既に受験に敗れたる学童たちも、今後この「神想観」を励みて、今後の受験の成功の上に、はた又、人生一切万事の成就の上に、効を収められんことを希望して已まないのであります。

国史　「日本史」の旧称

効を収める　効果を現す。成功する。功を奏す

第八章　人類無罪宣言

——昭和十年三月二十一日、東京九段軍人会館に於ける講演——

一、人類光明化運動の本質

「ヨハネ伝」第一章の「太初に道あり、道は神と偕にあり、道は神なりき。
万の物これに由りて成り、成りたる物に一つとしてこれによらでなりたる

頭注版㉕一八六頁

軍人会館　昭和九年に在郷軍人会の主導により東京の九段に竣工した施設。昭和三十二年に九段会館に改称

頭注版㉕一八六頁

人類光明化運動　著者が生長の家立教の使命とするもの。「人間・神の子」本来の姿が全人類に現れ、地上を光明化する宗教運動

「ヨハネ伝」　『新約聖書』四福音書の一書。使徒ヨハネの作とされる。著者に『ヨハネ伝講義』の著作がある

神なりき　「き」は文語文で過去を表す助動詞

よらで　よらないで

ものなし」という句があります。よくこの言葉に注意して観ますと、この「ヨハネ伝」には「言は神なりき」と書いてあるのでありまして、「言葉は神であった」という過去の既に完了を現す言葉で述べられているのであります。つまり現在はもう「言葉は神ではない。」また現在は「言葉は神と偕ではない。」そのかみに於ては確に神であったものが、ヨハネが福音書を書く時には、もう既に言葉は神と偕でなくなってしまっていたということになっているのであります。そこで吾々の人類光明化運動は、「言葉は神である」ということを、もう一度この世に実現する為に現れて来た運動である、ということが出来るのであります。それはもう一度「言を神であらしめる」運動でありますから、「生長の家」のポスターには「東西古今に類例を絶した新形態を以て出現した真宗教が『生長の家』である。何を以て新しとなすか、『生長の家』には、神殿は要らない、いろいろ面倒な物質的な荘厳は要らないのであって、ただ、真理の言葉が神であるのであるから、その言葉

そのかみ　その当時

荘厳　仏教語。おごそかに美しく飾ること

を収めた書物こそ神殿である。書物という神殿の中に神(真理)の言葉が盛られているのであるから、それを読むことが即ち神に参詣することになるのである」と書いてあるのです。この真理の言葉即ち神であるという一つの新しい形態をもって出現した宗教であり、教育であり、教化運動であるのが生長の家であるのであります。

ヨハネが福音書を書いた時分には「言葉は神なりき」であって、もう既に言葉は神でなかった。それはどういう意味であるかといいますと、言葉は、実相の言葉と嘘の言葉(つまり迷の言葉)との二種類があるのであります。「言葉は神である」というのは、実相の言葉、即ち善き言葉が神であって、善き言葉を使う時、この善き言葉の力によって創造られるものはすべて善きものであるということであります。それが反対に、本来の善き言葉が汚され歪められて、吾々が神の言葉、実相の言葉を使わなくなり、悪しき言葉を使う時、その言葉の力によってこの世は乱れ、汚れ、天災地変、その他家

参詣　寺社などにおまいりすること

庭争議などと、災多き、悪しき現象となって現れて来るのであります。この時、もう「言葉は神なり」ではなく、「言葉は悪魔なり」になっているのであります。それで生長の家の人類光明化運動とは、人々の言葉を浄めて、ほんとうに神の言葉にするということであって、人々の言葉を、本来の神より発する言葉、実相より発し実相を讃える言葉にしてしまおうというのが目的で、これこそ吾らの人類光明化運動の究極の目的なのであります。

　本来我々は神の子であり、その実相は神であります。この実相より発する言葉は必ず善からざるを得ないのであります。すべての人皆神の子でありますから、すべてこれ善人なるべきはずであります。ところがこの世の中には必ずしも悉く善人の姿をした人間ばかりはいない。又その悉くが神の子らしい幸福さを備えていないというのは、とりもなおさず実相から出た言葉がこの世界を形造っていないからであります。実相ならざる言葉、罪とか、病とか、死とか、本来無いものを、あるかの如く装っている言葉がこの世

善からざるを得ない　よくないわけはない。よい

の中を占領しているからであります。それで吾々の使う言葉を実相の言葉――神より出でた浄まった本来の善き言葉のみに還元したならば、実相の言葉によって、すべてのものが実相の姿をこの世の中に現して来て立所に地上に天国浄土が湧出するというわけであります。

　言葉は神である、すべての物が言葉によって創られた、ということは、「創世記」のはじめにも書いてあることであります。その冒頭に、「神光あれと宣い給いければ光ありき」と書いてあります。神様は光を創造るのにどうしてつくられたかというと、神がただ「光あれ」と宣われた。つまり神の言葉によって光が現れたというのであります。かくして神は光を創造り、それから又、言葉によって天地もろもろのものを創造り給うて、「創世記」の終に「すべてのもの甚だよし」と神御自身がその創造せる実相世界の完全なる有様を賞めておられるのであります。これ神の言葉による実相の世界の創造であります。神の発し給うた言葉によって現れた実相の世界はすべてよか

還元　元の状態に戻ること

立所に　すぐにその場で。すぐさま

湧出　湧き出ること

「創世記」　『旧約聖書』の冒頭に収められている天地創造の物語。本全集第十九巻「万教帰一篇」上巻第一章参照

らざるを得ないのであって、悪しきもの一つとしてなく、一切の生物そのところを得て、悉く調和した既に本当の天国浄土なのであります。このように「創世記」の第一章には天国浄土は既に実現している。既に天国浄土は神の言葉によって創造られているのであって、神の創造り給うたものは何人といえどもこれを汚すことも壊ることも出来ないのであります。神の創造り給うた浄土は久遠の天国浄土、実相の天国浄土、不可壊永遠の常楽の浄土であって、今更浄土があるかないかを問題にするが如きは愚かしき極みであります。この天国浄土に、既に人間は神の肖像として完全に善き物に造られていることが「創世記」の第一章に明かに宣言してあるのであります。然るに、ともすれば人間は罪深きものであるとか、病人であるとか、犯罪人であるとか、いろいろの悪しき形容詞を使って、その悪しき言葉をもって、あたかも人間が神の創造り給うた天国浄土にいないかの如く思い、その思いの力、念の力によって本来有りもしない不幸苦悩憂苦の地獄世界を顕して

久遠　永遠
不可壊　なにものにも壊されることのないこと
常楽　仏教語。「常楽我浄」の略。悟りに至れば常に安楽であり、自在であり、煩悩を脱して清浄であること
あたかも　まるで
憂苦　悲しみや心配で苦しむこと

いるのは間違であります。こういう間違った思いを正しい実相の思いに還元させて、この地上に天国浄土を実現するには、既に吾々は天国浄土に生かされていると知ることがその唯一の方法であって、その他にはどんな方法もないのであります。

二、楽園追放

ところが「創世記」の第二章に肉体人間アダムの創造が書いてありますが、それには神が土の塵にて造り、いのちの息を吹き入れ給うたとあります。この土の塵にて創造られ、罪を犯してエデンの楽園を追出された肉体人間は、「創世記」第一章に「神」の言葉にて神の肖像に創造られた、既に完全なる神御自身「甚だ善し」と賞めておられる、実相浄土の人間とは甚だ異るものといわざるを得ないのであります。土の塵にて造られ生命の息を吹

頭注版㉕一九〇頁

アダム 「創世記」に記される人類の始祖とされる男性

エデンの楽園 「創世記」第二〜三章に描かれた楽園。神によってつくられた最初の人間アダムとイヴが住んだ。本全集第十九巻「万教帰一篇」上巻参照

き入れられた人間は実相の人間ではないのであります。おそらくこの「生命の息」というものは実相の生命の息が歪められ汚された嘘の言葉、迷いの言葉であって、本当の、正しい息ではなかったのでありましょう。はじめに神の言葉によって創造られた人間即ち本当に完全な、すべてのもの無限に備っている――無限の智慧、無限の能力、無限の愛、無限の供給、悉く備っている神御自身が「甚だ善し」と賞められた人間であった。これが「創世記」第一章の人間であります。何の小細工を以て補わなくとも既に完全に一切のものが満ち備っているのが人間の本来の相だったのであります。

ところが、「創世記」の第二章には人間は、既に備っている無限の善さ完全さを悟らずに、そのまま裸でいても完全であるということを悟らずに、無花果の葉をまとうて裸を蔽ったというのは、人間は既に無限の霊智者であることを悟らずに、学問などでいろいろのごもくの知恵を身に纏うたならば立派になれるだろうと小知才覚を振り廻そうとする姿のシンボルとして書か

霊智者　はかり知れないほど深くすぐれた智慧のある者
ごもく　ごみ。芥(あくた)。役に立たないもの
小知才覚　うわべだけの浅薄な知恵や才能

れているのであります。それで既に成就せる実相の天国浄土を悟らず、そんな小知才覚を纏わなければ恥かしいというような、うその人間は実相の天国浄土の民ではないというのがアダムとイヴとの楽園追放の寓話で描かれているのであります。楽園追放といっても別に実際に実相の浄土から追放されたのではない、実相の浄土に既にいることを悟らないから、その浄土の完全さが地上に湧出して来ないのであります。

神の言葉によって創造された本当の人間、神が「甚だ善し」とほめられた人間は完全な人間でありますから、途中から堕落してしまったりするはずはないのであります。ところが「創世記」第二章にある人間は神に叱られたり、楽園を追放せられたりする嘘の人間である。この土の塵にて創造られ、うその言葉によっていのちの息を吹きいれられ、実相ならざる言葉によって造られたものはいくらしても完全になれないのであります。この神の言葉ならざる、うその言葉によってつくられたという事が、仏教でいう無明縁

イヴ　「創世記」に記される人類の始祖とされる女性。蛇にそそのかされて禁断の木の実を食べたためにアダムと共に楽園から追放された

寓話　教訓や風刺を織りこんだたとえ話

無明縁起　仏教語。現象世界は「因」と「縁」との結合によって生ずる「まよい」の世界であるとする世界観

起であります。無明縁起とは「無明」即ち「迷」即ちうその言葉、うその思いが因になって一切のものが生じたというのであります。この仏教の無明縁起論は、「創世記」の第二章とぴったり一致していて間違はないのであります。ここに私はキリスト教と仏教との完全な一致を見出すのであります。在来のキリスト教は、無明縁起を説いた「創世記」第二章と、実相浄土の創造を書いた「創世記」第一章とを混同しているから、仏教と一致しないように見えていたのであります。仏教の無明縁起は「創世記」第二章に書いてあり、『法華経』に説いてある久遠実成の浄土は「創世記」の第一章に説いてあるのであります。久遠実成の浄土は無明縁起以後の世界ではない、無明以前の世界である。だから無明以後から見れば「始めに言あり。言は神なりき」と過去の動詞にせざるを得ないのであります。「言は神なり」というのは「創世記」第一章の世界、『法華経』に説かれた久遠実成の浄土のことで、この実相浄土は現在無いと思っている人には「言は神なりき」で過去

『法華経』　『妙法蓮華経』の略。大乗経典の一つ。大乗経典中、最も高遠な教えが説かれているとされる。八巻二十八品から成る

久遠実成　『法華経』の「如来寿量品」にある言葉。永遠に成仏していること。永遠の実相世界は完全であること

の動詞で言い現し、そして今は「言即ち迷である」というほかはない。そしてこの迷の言葉、「罪はアルといって宗教が人類を威嚇する言葉」や病気は有るといって科学が人類を威嚇する言が、「三界は唯心の所現である」という心の法則により、どれだけこの地上に悪人病人を作ったか知れないのであります。それを、これ等の迷の言を打ち消して真理の言を地上にあまねく宣べ伝え、人々の心から罪と疑いと不幸とを打消して、ただ心の現れであるこの地上にも罪と病と不幸とを絶滅し、地上湧出の天国浄土を招来しようとする運動が生長の家の人類光明化運動なのであります。

三、人間は小宇宙

頭注版㉕一九三頁

吾々の言というものは、人間の肉体から出る言は「本当の言」の影であります。肉体人間は実相の人間の影でありますから、その影から出る声も

威嚇 威力を相手に示しておどすこと

「本当の言」の影であるのです。それでこの天地はどういう言(本当の言)があるかということはやはり吾々の肉体を通して出る言を調べてみれば分るのでありまして、それは、人相を見ればその人の心の状態が分るというのと同じことであります。天地に充つる大宇宙の言が、肉体という影を通して、耳に響き感じられる声となって大宇宙の声の模型が出るのですから、どういう声が肉体の人間から出るかということによって、小規模に人間に現れている宇宙の声の実相が分るのであります。ですから、我々が咽喉から発声する言によって宇宙の言の実相を知ることが出来るのであります。さて、吾々は平常多種多様の声を出します。アイウエオ五十音ばかりでなく、その中間音なども合すると実に多くの種類の声を出すのであります。ところが寝てしまえば、ただスースーというだけであります。そのスヤスヤという寝息の声のスーという言葉が一切の声の源の声であります。万象眠りてすべての声がまだ分化せざる時の声、いまだに森羅万象の現れていないのが、スーの

万象　ありとあらゆるもの

森羅万象　宇宙間に限りなく存在する一切の事象

声であります。寝てスースーといっている。「スー」とこうハッキリ発音してしまいましたら、それはもう五十音に分化してしまった声の一つでありますが、このスースーと眠っている聞えないスーの声の中に一切の声があるのであって、そのスーの声から一切のものが分れ出たのであります。このスーというのは本源神のことをスメミオヤといい、人工を加えないそのままを素焼という。或は、統べる、すき通る、澄むなど、みなこの「ス」を語源としている言葉であります。水が澄み、無色透明になり、すべての物が一つに統べられ――統一されたる、この無色無声スミ切りのスーの言が、仏教でいう「空」である。「空」というと何にも無いように思えるけれども、何にもないのではなく、万籟眠れる「スー」の声、本源の実相の言葉なのであります。「スー」といっても我々の咽喉から出るスの音とは異うのでありまして、熟睡時の何にも聴えないところのスースーというあの声を考えて下さればよいのであります。このスの声がいろいろに分れてアイウエオ五十音、

素焼　釉（うわぐすり）をかけずに低温で焼いた器

万籟　自然の万物が風に吹かれて鳴る音。万物のひびき

又その他の様々の中間音に分化して来るのでありますが、このスの次にどう分れて他の言葉となるかといいますと、人間の咽喉を通して口から出る声を模型として考えて下さったら分るのでありますが、スを「スーウ」とひっぱってみると次第に「ウ」の声が出て来ることが分ります。この「ウ」の声は内に形をふくむ声であります。つまり形がまさに顕れんとしてまだはっきりと現れていない声であります。みごもれる女が子を産む時の、まさに形を外に生み出さんとする声であります。スーの声は一切が統一されたもの、日光の七色が一つに統一されて透明無色になった声であって、その透明無色――「空」色の無色光線が七色の虹に分光するように、無声の「ス」声が五十音に分れた最初の声が「ウ」であります、内に形を孕んでいるウの声は女の声であって「陰」の声であります。婦人はお産の時にウーンウーンといっていきむ、また我々が大便を放るときにもウーンといっていきむ。すべて内にあるものが、まさに形を現さんとする時の声であります。ウーの次の声

分光　光が波長の相違によって種々の色帯に分かれること。人間の目に感じられる可視光線は赤、橙、黄、緑、青、藍、紫の七色

はアの声であります。スーウと「ス」声を引張っておれば「ウ」声は自然に発声し「スー」と「ウー」とは唇をひらかないで同じ口の形のままで出るのでありますが、ウーとひっぱった口を舌も形も変化しないでそのままぱっと開いたら「ウーア」となるのであります。このアの声は諸声の一切の元になっているので口を開かんとすれば必ず伴う声でありまして、それで頭とか足とか着物の外に現れているものにはすべてアが附いています（笑声）。皆様お笑いになりますがこれは冗談ではありません。顕れる、明るい、暁、曙、赤などにもアがついている。ア声ははっきり外に現れる声、男の声、つまり陽の声であります。それで天地は、最初のスの声が「ウ」と「ア」との二つに分れて、その陰、陽二つの声が交り合って生まれ、且つうみ出された、ということになるのであります。仏教ではアとウの二つの言葉を非常に重大に扱って、「阿吽の呼吸」などといいますが、「あ」と「う」の声が互に組み合って一切のものが出来て来たのでありまして、その組合い方の相

阿吽の呼吸　二人以上で物事を行う時の互いの微妙な気持ちや呼吸がぴったりと合うこと。「阿」は梵字の十二字母の初め、「吽」は終わりにあるため、密教ではこの二字を万物の初めと終わりを象徴するものとした

異によっていろいろの言葉が現れて来るのでありまして、すべての物、この「ア」と「ウ」の結合によって出来ているのであります。言葉は目に見えませんが、それが形に現れるとはじめて目に見えるのであります。

四、科学と宗教との一致

頭注版㉕一九六頁

近代の科学者はすべての元素を還元させて一様に電子によって成立っていると申します。そしてその原子はプロトン即ち陽電核と、エレクトロン即ち陰電子との二種類に分れている。中心に陽電核があって、その周囲を陰電子がとり囲んでいる。即ち全ての物は陰、陽、二つの力の交合によって成立っていることを科学者は発見しているのであります。この陽電核は中性子と陽子その他の結合でありますが、ともかく電子はエネルギーの渦巻ということになっておりまして、陰陽両性のエネルギーの渦巻が互に組み合うこ

プロトン proton 原子核を構成する素粒子の一つ。電荷は正で中性子と共に原子核を作る。陽電核

エレクトロン electron 負の電荷を持ち、原子核の周りを回って原子を構成する素粒子。陰電子

とによって様々の物質が生れる、物質と見えるものすべて陰、陽二つの言葉が組合って生れて来た、という事になるのであります。これを神道では古来天津祝詞に神漏岐、神漏美命と書いているのであります。カムロギのカムとは物を生み出すことであって、物を醸む働き、天と地とがかみ合う、陰と陽とが結合するという意味であります。ロギーとは、ロゴスが変化した言葉でありまして、ロゴスにロギーとロミーとの二種類あります。ロギーは男性の言葉でイザナギの命、ロミーは女性の言葉でイザナミの命であります。命という字は命令の命の字を書きますが、言葉のことであります。吾々でも、命令する場合は言葉で命令する。命令に生命があり、軍人でも官吏でも命令によって動くのです。命令の命の字は生命の命の字でありイノチと読む。言葉は神でありこれにイノチがあるのです。さて、言葉の陽――「ア」の声はカムロギーの命であり、言葉の陰――「ウ」の声はカムロミーの命であります。そのカムロギーの命とカムロミーの命と組み合って一切の物が創造られ

神道　はるか昔から伝わっている日本民族固有の信仰。「かんながらの道」

天津祝詞　みそぎはらいの祝詞の別称。「祝詞」は神道で神に捧げる言葉。「天津」はその美称

神漏岐、神漏美命　神漏岐は男性の神々の尊称、神漏美は女性の神々の尊称

ロゴス　logos　古代ギリシャ哲学で言葉の意。また宇宙の真理

官吏　役人

たのであります。その御創造になったところはどこかと申しますと「筑紫の日向の小戸の阿波岐原」とあります。この筑紫というのは九州のことではないのでありまして、一切のものを尽している、一切のものを包容し尽している究極無限の大宇宙のことであります。日向とは日に向う即ち光明に照らされるということでありますから「筑紫の日向」とは光明遍満の大宇宙ということであります。この究極無限、一切包容の光明遍満の世界に於てカムロギーとカムロミーの命即ちミコトバによって伊邪那岐命が一切のものを浄められたという事が書いてあるのが、この天津祝詞なのであります。伊邪那美命が夜見の国に行かれたら伊邪那岐命が別れを惜んで夜見の国へ追いかけて行かれた。それで伊邪那岐命の身が汚れたというので身禊祓をせられたというのであります。ここに「創世記」に於けるアダムとイヴと同様のことが書かれてあるのであります。伊邪那美命が夜見の国に行かれたという事は、イヴの方が蛇の知恵に瞞されたという事に当るのであります。

夜見の国　死後の世界

身禊祓　身のけがれをはらうために川などで身をきよめること。「みそぎ」の略

日本の『古事記』では伊邪那美命が夜見の国にゆかれたことになっており、アダムがイヴの迷の真似をして知恵の果実を食べたということが、伊邪那岐命が伊邪那美命の後を追うて夜見の国へ行かれたと『古事記』に書いてあるのであります。夜見の国とは、ヤミの国――暗の国、言い換えると、無明の国、迷の国ということなのであります。その迷の国に行かれたというのはイヴが蛇の知恵に瞞されて、人間を物質で造られた物質だと思ってエデンの楽園を逐い出されたというのと同じことを表現したものであります。イザナミの命が夜見の国へ行かれたそのあとを追ってイザナギの命が夜見の国に行かれた。そしてイザナギの命は夜見の国に行って体が汚れたというので、小戸の阿波岐原で身禊祓いをされたということになっております。この小戸とは「音」のこと、音声のこと、言葉の意であります。「阿波岐原」の「あ」は「あばく」「あらわれる」ということで、「はぎ」もやっぱり、物を「はぎとる」こと、暴露さすこと、「はら」というのはハラハラと散り行

『古事記』 和銅五年成立。現存する我が国最古の歴史書。天武天皇が稗田阿礼に暗誦させていた帝紀・旧辞を、元明天皇が太安万侶に撰録させたもの。神話から第三十三代推古天皇の御代までの歴史が記されている

く相をあらわす言葉ですから、「小戸の阿波岐原」というのは、迷を剝ぎ取り、実相をあばき出す声音の力ということであります。この声音の力――言葉の力を正しく用うれば天地八百万の神々も協力して一切の罪、汚れを浄めてしまうという事が書いてあるのが天津祝詞であります。とにかく、伊邪那岐命は言葉をもって一切の罪、けがれを祓い浄められたのでありますが、この伊邪那岐命の言葉の力で宇宙諸々の罪穢を祓い浄めるということが、「生長の家」の使命だということになるのであります。だから、生長の家の神の御姿を霊眼で見た人の話によると伊邪那岐命のような白髪の老翁の姿で現れられるのであります。天理教祖は自分自身を伊邪那美命の顕現だといわれまして、伊邪那岐命と月日揃うてこの世の中の浄化が完成するという意味のことをいわれたそうであります。天理教祖の筆先によりますと、本来罪というものはない、チョイとホコリが附いたばかりだとありますのに、現在の天理教 教師の説き方では、あまり「因縁因縁」ということを

八百万の神々　きわめて多くの神々

霊眼　霊的存在が見える眼

天理教祖　中山みき。寛政十～明治二十年。大和国(現在の奈良県)の生まれ。庄屋の妻だったが、四十一歳の時に神憑りとなり天理教を創始

筆先　天理教・大本教などで、教祖が神憑りして啓示を受け、自ずと筆を動かして書いたとされる文章

説き過ぎていますので、却って、言葉の力で人間に罪を背負わすということになっているのでありまして、この反対に言葉によって浄めてしまったら本来の実相が出て来るのであります。つまり伊邪那美命が夜見の国へ行かれた働きが天理教の現在の働きで、橘の小戸の「あはぎ原」で、その暗の穢れを祓い浄める働きが「生長の家」であります。キリスト教では近頃頻りにキリストの再臨ということを唱えている一派がありますが、「生長の家」でもキリストは再臨する、というのであります。否、むしろ既に再臨しているというのであります。(聴衆緊張する) かく私が再臨していると申上げるキリストはユダヤの野に、二千年前生れたところの「肉体キリスト」ではないのであります。イエス自身が「アブラハムの生れぬ前より我はあるなり」といわれたところの、久遠生き通しの実在であり、首より現在に到る迄、また未来永劫に到る迄生き通しの真理のキリストであります。ところが人類はキリストが二千年前ユダヤで磔刑になったと思っているのでありますが、一

キリストの再臨 『新約聖書』にある預言。世界の終わりの日に、キリストが最後の審判と救いを成就するためにこの世に再び現れるとされる

「アブラハムの…」 『新約聖書』「ヨハネ伝」第八章にあるキリストの言葉。「アブラハム」は『旧約聖書』「創世記」に記されているイスラエル民族の伝説上の祖

永劫 きわめて長い年月。永久

転して、キリストという者は決して磔刑になってはいないぞということを人類が悟るのがキリストの再臨であります。(聴衆驚く)すべての人間の実相は神の子であると「創世記」に明かに書いてあるのに、いつの間にか人は皆罪の子であるという具合に宗教家が宣告してしまった。「神の子」を言葉で「罪の子」扱いをすることによって手も足も動かぬようにしてしまった。これが、神の子キリストを磔刑にかけたということであります。人類は本来神の子であるのに、神の子ではない、神は汝の内に宿っていない、汝は罪の子であると封印して十字の木に打附けてしまった。これがキリストを磔刑にかけたということであります。天地の生命、真理、即ちキリストが我が内に宿っていますのに「ここにキリスト在さず」と貼紙して封じてしまっているのをキリストを磔刑にかけたというのであります。「我に罪あり、この中にキリスト無し」と貼り札してしまっている。その貼り札を引破って、十字架から下して、「ここにキリストいます」と人類に差し示す――そうす

貼り札　紙や板に知らせるべきことがらを書いて貼り出す掲示の札

ると、迷いは消えて、自分の実相を観、そこに既にキリスト在すと悟るのであります。**これがキリストの再臨であります。**今迄キリストが吾が内に在しながら、「キリスト在さず」と貼紙していた、その貼紙をひき破って、「キリストここに在す」とはっきり宣言し、全ての人類の生命の中、すべての人類の心の中に、キリストを再臨せしめるという――これが生長の家の役目であります。全ての人間の心の中で磔刑にせられていたキリストを十字架から下して、自由自在に顕れ得るように致しますと、すべての人間、善くならざるを得ないのであります。今迄のように「罪人罪人」といって人間の実相を動きのとれないように磔刑にかけている限り善くなりっこはありません。久遠、無限の力が内にありながらも**はりつけ**になっていて出て来ない。この縛りを解いて人間の実相のキリストを出すようにすれば、悪しきことは自然に消えて、実にのびのびと本当の天国浄土がこの世に楽々と湧き出て来るのであります。

五、天国浄土の実現

「生長の家」に入信すると病気が治るといいますのも、別に特別な方法を以て病気を治すのではないのでありまして、「生長の家」の本を読むと真理が分る。真理が分り、人間の内にキリストが宿っていることが解れば、自分の内に宿るキリストの治す力が自然に現れて来て病気が治るのであります。これは音叉の共鳴と同じ理由でありまして、「生長の家」の本のうちにある真理の言葉の振動が――文字とは言葉を形に現したものであって、声に振動する響があるように、文字にも振動する韻があるのであります。だから「声字即ち実相」と弘法大師も言われておるのであります――聖典に書いてある神の言葉の響きを、皆さんという音叉の側へ持って往ったら、皆さんの内に宿る真理、キリスト、神性が、同じ振動数を以て皆さんの内部から響

頭注版㉕二〇一頁

音叉　たたくと一定の振動数の音を発生する音響器

共鳴　静止している発音体が他の音波を受けて自然に鳴り出す現象

声字即ち実相　空海が『声字実相義』で説いた言葉。また、著者にも「声字即実相の神示」がある

弘法大師　空海。宝亀五～承和二年。平安時代初期の僧。唐の長安に学び、日本に真言密教をもたらした。高野山に金剛峯寺を創建。延喜二十一年、醍醐天皇より弘法大師の諡号(おくりな)を賜った。三筆の一人

聖典　宗教の教義の根本となる書物

き出して来るということになるのであります。「本を読むと病気が治る」というと迷信くさい気がしますが、「本をよんで病気が治る」のではないのでありまして、本には真理が書いてあるのでありますから、それを読むことによって、皆様の内に宿る真理が現れて来る、この真理の治す力が病気を治すのであります。真理の言葉の響きが皆さんの心に共鳴を起して来るとき、今迄皆様自身を縛っていた迷いの縛りがほどけて、皆様の中に内在するキリストが現れて来るのであります。今迄は虚の言葉、「人間は物質である」という自己暗示の力に縛られていたのが、今度はその反対の「人間は霊的実在である」という真理の言葉によってその呪縛がほどけて来るのであります。宗 教家は人間は罪人なり、汚れたるものなりと人類に宣告を与えて、人の神性を十字架にかけてはりつけにしていた。だから今迄は「言は迷なり」であった。実相を言い現さず、仮相のみを言い現す「迷の言」であったから「言は昔は神なりき。」であって、今は「神ではない、迷である」になっていた。それを一転して実相を語る言葉を使うことにし、人間は神の子で無限の自由、無限の智慧、無限の生命力を内に持っているものであるぞと断然と説いているのが生長の家の聖典であります。即ち真理の言葉、実相を語る言葉、神の言葉が書いてあるのが生長の家聖典でありますから、この神の言葉を読む時、その言葉の振動数によって、心の音叉の共鳴によって、本来皆さんの内に宿っている道――神性――が現れて来るのでありまして、もし皆さんの中に、聖典に書いてあるような本来完全な仏性、神性が宿っていなければ、いくら本を読んでも仏性、神性の現れようはずはない、また病気の治るわけもないのであります。ところが本来病なき実相の、神なるもの、真理なるものが本来吾々に宿っているからこそ、同じ振動数の真の言葉の鳴り響きが近づけば、否でも応でも内なる実相が響き出ないわけには行かないのであります。それで私の講演を聞いている間にも、自己内在の真理の共鳴の理によって病気の治った方も多くあるのであります。現に昭和九年十二月十一日の報知講堂に於ける第二回人類光明化講演会の時のことでありますが、その時、本名を近藤新さん、芸名を杵屋勝一次といわれる長唄の先生でいられる方が、私の講演を聴きに来られておりました。講演を聴いている時はさほど感心されたようでもなかったのだそうでありますが、翌日私の家へおこしになって話されたところによりますと、この杵屋さんは元来胃腸が弱く始終食べ物が胸につかえるといった始末で、そのうえ痔が悪くて常に出血しておられたのであります。が、私が杵屋さんと対談して少く生命の実相をお話して、本来人間病気なき故を話したのを聞かれると翌日からすっかり胃腸が健康になり、何を食べても痞えも、疼みも、下痢もしなくなり、三日目から痔出血も止って治ってしまったということでありますす。この杵屋さんは自分の病気が治ったというだけではない。近頃では実に上手に人の病気を治されるようになられたのであります。これはやはり、音叉の共鳴と同様の理によるのでありまして、私から出た言葉が杵屋さん

報知講堂　東京都千代田区の報知新聞社の講堂。大正十一年竣工

杵屋勝一次　「杵屋」は長唄三味線方の屋号の一つ。「勝一次」はその系譜に属する芸名

長唄　江戸歌舞伎の舞踊曲として発達した三味線音楽。後に劇場を離れたお座敷長唄も興った

の「神なる実相」に響きを与え、杵屋さんの「神なる実相」が響き出したならば、その音叉を以て、他の人の実相の音叉に近附けて、その人の実相を響き出さしめ、おのずから他の人の病気も治せるようになるのであります。その実例を挙げますと、杵屋さんの長唄のお弟子の宅のお爺さんが三年間も中風で半身不随でねていられた、片手は全然きかなかったのが、杵屋さんが往って真理をお話しになると直ぐその手が動き出したのであります。また杵屋さんの御近所に、両手が神経痛で後ろへ手を廻して帯を結ぶことが出来ない奥さんがあった。ある朝、その奥さんが杵屋さん宅へ帯代裸で這入って来た。「どうしてあなたは帯をしないでそんな恰好しているのです」と杵屋さんが訊くと、「神経痛で手が後ろへ廻らないから」というのです。それで杵屋さんは「手が廻らぬのではない心が廻さぬのでしょう。心にシッカリ帯をする心がないから手を廻さないのです。心に帯をして御覧、形の帯は自然に出来るようになるから」こう申されますと、その一語でその奥様は悟って手

中風　脳卒中の後遺症である半身不随、手足の麻痺、言語障害などの症状

帯代裸　着物を着て帯を締めないでいること。女性のだらしない姿

の神経痛が癒ってしまったのであります。杵屋さんは、病気だけではない。他の問題も心で解決せられます。この前の軍人会館の講演会の時、杵屋さんは、知り合の喘息の女の子を膝にのせて、首に手を按てながら、長唄の稽古場の前から自動車に乗って来られたのでありました。会場につかれた時にはもう一階は満員で二階の正面に坐られた。坐ってから、ふと気がつくと、自動車に楽譜を忘れて来ているのです。楽譜なんか素人の吾々にはさほどのものではありませんが、専門家にとってはなかなか大切な商売道具であります。そしてその楽譜には御自分の名刺は一つもなく他人から貰った名刺ばかりたくさんいれてあったそうであります。だから、それが杵屋さんの所有だということが却って分り難いのでありますが、杵屋さんは不思議に、楽譜は必ず自分のところへ戻って来るという気がされた。それで落著いて講演を聞かれ、家へ帰られてから夜分遅く神想観をされて、本来実相の世界に失い物などあり得べきはずがない、必要なものは必ず見出されると念じてそ

喘息 気管支の炎症の慢性化で咳などの症状をきたす疾患

のまま眠まれました。そして翌朝もう一度神想観をされていますと、楽譜は既に自分のところへ返っているという直覚を得られたのでありました。けれどもお家の方は、「警察へ一応は届けておいた方が好い」といわれるので、別に逆らう必要もないと思い、届書を認められましたが杵屋さんは楽譜がどうも稽古場まで返って来ているような気がして仕方がないので先ずそこへ電話をかけられたのでありますが、そのかけ方が変な具合で、「私の楽譜がそこへ返っているでしょう」と見て来たような調子でいわれたので、向うで却ってびっくりして、「返ってはいますが、一体何故それがお分りになったのですか」と言ったそうです。それ程断定的な強い自信に満ちた言葉で電話をかけられたのでありました。面白い事には前夜杵屋さんが家で神想観をされたと同じ時間に運転手が楽譜を発見して警察に届けたのだそうでありました。警察へそれを持って行くと、そこの警官が包をひろげて見ると、楽譜の表紙にただ杵屋とだけ書いてあった。それでその警察官が「そのお客さん

直覚　瞬間的に物事の本質をとらえること。直観

認める　書きしるすこと

はどこから乗ったのか」とたずねたのです。運転手が、どこそこの長唄の稽古場のすぐ前で乗ったことをいいますと、それでは、「その稽古場の人に違いないから持っていってやれ」といったのです。それで楽譜が返って来たという塩梅なのでありました。落し物などを警察に届けますと、普通形式がとっても面倒くさくて、始末書でも書かせられた上でないと届主にくれないものですのに、簡単に「持っていってやれ」とその警官が言ってくれた。これは杵屋さんの神想観によって警官の心持が大変和んでいて杓子定規な頑固な心持になれないで、穏やかに、自然に、失い物が元のところへ返って来たのであります。これなども本来何一つ失われていない実相が現れると、失い物が自然に見附かるという一つの証拠ともなるのであります。欲しいと思ったものは何でも出て来るのが吾々の実相なのであります。『無量寿経』に、食べたいと思うと、欲しいと思う食べ物をのせたお膳が自然にすーっと出て来て、食べたと念ずると自然に飽食し、食べ終ったと念ずると又すー

塩梅　物事の具合、ようす

始末書　起こしたことがらの一部始終を書き記して提出する文書

杓子定規　決まりきった基準や形式にとらわれて、応用や融通がきかないこと

飽食　充分に食べて満ち足りること

とお膳が消え去る。又食べ物ばかりでなく、浴みがしたいと思うと綺麗な水が、しかも身体に最も好い温度となって自然に湧き出て来て、自分がその中に這入らないでも、水来って体を自分の欲する所までひたしてくれ、また浴みが終ったと念ずると、その水が自然に去ってなくなってしまう、これが極楽浄土の有様であると書いてあります。ところが「そんな形のある浄土はないものだ」「イヤある」指方立相の浄土はあるとかないとか近頃盛んに問題になっていますが、そんな議論はまだ赤い色を見たことのない盲人同士が赤色がアルとかナイとか議論しているのと同じで、赤色がアルとかナイとかは議論で定まる問題ではなく、眼を開いてその色を見、その浄土の相を見れば好いのであります。「生長の家」ではそんな問題は論ずるに足りないので、指方立相の浄土を吾々は日常生活で体験しているのであります。自分は神である、阿弥陀仏と同体であると悟られている方はこの現実世界に於ても極楽浄土の中にちゃんと住んでおられるのでありまして、欲しい物は皆

浴み　湯や水で身体を洗うこと。入浴すること

指方立相　浄土教で阿弥陀仏の浄土の方角やすがたを明らかに示すこと

自から集るというような、実に有難い生活をしておられるのであります。ここに来ておられるかどうか知りませんが、この間も品川駅の助役の奥さんから手紙を頂いたのでありましたが、それにも欲しいと思ったものがちゃんと出て来たという体験を五つも六つも書いて二、三日前に寄越されたのでありました。

こうした実例はいくらでもあるのでありまして、この前の講演会では蟻や鼠までも去って行けと念ずれば自然に去る。ともかく、吾々『生長の家』誌友にも『無量寿経』に書いてある無量寿国の有様と同様、何でも欲しいものが集って来る、実際に姿ある、極楽浄土の生活があるのであります。しかしそんな人も「生長の家」に入って心が変る迄はそうではなかった。心が一変して心が極楽浄土になれば、そこにまた、その投影として姿もあり形もある指方立相の極楽浄土が湧出するのであります。

それはすべて我々が実際生活に如実に体験していることでありますから、

助役　鉄道の駅長などを補佐する職。また、その人

如実に　仮想や理論上のことでなく、真実に

浄土があるとか無いとか、今更下らないことを問題にするには及ばない。吾々は既に指方立相の浄土におり、同時に実相久遠の浄土にいるのでありまして、本当の「生長の家」の説く真理を悟った人たちは、その悟った実相浄土の有様が、御自分のおられる世界に実際の形となって指方立相の浄土となって現れているのであります。

六、大本教で治らなかった腎臓炎が生長の家で治る

さて、先刻お話しました杵屋さんが私から真理の話をきいて即座に自分の胃腸病が治られてから或日、神想観をして神の生命自分の内に流れ入ると念じておられましたら、天空から茶碗大の白い輝く光がすーと降りて来て、それが自分の身体の中へ這入って来たのが目を閉じていながらはっきり見えられた。それと同時に霊能がひらけ、杵屋さんが病人に話をされると、それ

頭注版㉕二〇九頁

大本教　教派神道の一つ。明治二十五年、出口なおが創始した。著者は大正八年に入信し、教団の幹部となった。本全集第三十二巻「自伝篇」中巻参照

以来人の病気がよく治るようになられたそうであります。先達ても代議士の志賀和多利氏が腎臓炎でお腹や太腿がひどくはれて、医者も見離してしまったという状態であられた。最初私に来てくれといわれましたが、私はどなたの所へも病気を治しには行かないのですから服部仁郎さんを御紹介申上げた。服部さんが三回ばかり志賀和多利氏のお宅を訪問してお話をしたら、心境ひらけて排尿が盛んにあり出して喜んでいられた。ところが奥様が大本教で同教の節分祭に参拝して良人の平癒祈願をして帰ってみると、良人の症状が悪くなって排尿がほとんどなくなって益々身体が水気で腫れて来た。生長の家へ頼んでおきながら大本教へ頼むから、こんなになったのだなどと志賀さんはイライラせられている。生長の家は別に何宗教と一派を立てていないので決して他宗と衝突するものではないのです。心の中で衝突すると思い、罰が当ると思うから悪くなったのです。ちょうどその頃服部さんが徳島を旅行中でしたので、杵屋さんが招ばれ三度か四度話しに行か

代議士　衆議院議員の通称

志賀和多利氏　明治七～昭和二十年。岩手県生まれ。衆議院議員。弁護士。大正九年に初当選し、田中義一内閣で鉄道参与官、斎藤實内閣で逓信政務次官を務めた

服部仁郎さん　明治二十八～昭和四十一年。徳島県生まれ。彫刻家。救世観音、如意輪観音などの名作を生んだ。著者の妻である谷口輝子夫人ほか複数の信徒が霊視した神姿を再現して神像を制作した。著書に『今を生きる』がある。本全集第八巻「聖霊篇」上巻第一章等参照

れただけで又盛んに排尿があり出してすっかり治った。そして今日は議会にも登院致しますと大変に喜んで本部へお礼に来られました。これは、どうしてこんなことが出来るかと申しますると、つまり杵屋さんの内にある仏性——真理の力が私の言葉で喚び出されて、その喚び出された真理の響きによって、志賀さんの内にある神性が喚び出され、真理が響き出したから病気が治ったのであります。杵屋さんが神想観を実修中、白い光がさっと空中から降りて杵屋さんの身体に入ったということは、一体どういうことかと申しますと、それと同様のことが聖書にも書いてあるのであります。キリストがヨルダン河でヨハネから洗礼を受けた時、「みたま、鳩の如く降った」と書いてあります。それをキリスト教の人は、好い加減な形容詞位に思っていられるかも知れませんが、そうではないのであります。実際に鳩の如く白光が飛んで来て、吾々の体内に入る感じを受けるのであります。神人合一の瞬間に白い光が流れ入ったという感じを得たとか神の姿を見たとかいう方はた

登院　国会議員が議院・議会に出席すること

聖書　ユダヤ教とキリスト教の聖典。ユダヤ教は『旧約聖書』、キリスト教は『旧約・新約聖書』が聖典

ヨハネ　『新約聖書』に登場する預言者。イエス・キリストの出現を預言し、ヨルダン河畔でイエスに洗礼を授けた

洗礼　川などに身を浸したり、頭部に水を注いだりして生命の再生を象徴する儀式。バプテスマ

「みたま、鳩の…」　『新約聖書』「マタイ伝」第三章、「マルコ伝」第一章、「ルカ伝」第三章にある言葉

白光　白昼の陽光のような光

合一　合わさって一つになること

くさんあるのであります。「生長の家」では生長の家の神様の応化身を拝む場合もあるのであります。或時には一時に多数の人が同じ神様を見られたこともありました。それで吾々が霊眼で拝する神のみ姿とは一体なんであるか、又どうして見えるのであるかといいますと、それは燧石を火打金でうつようなものでありまして、火打石を打つとパッと火が出る。そのパッと火が出る火の姿が神の姿に見えるということなのであります。火打金が「我が内にある真理」であって燧石が神即ち「天地遍満の真理」であります。神は天地遍満の真理でありますから本来姿はない。その姿のない天地遍満の真理に我が内に宿る真理が触れるとパッと火が出る、その火花の散る形が神の姿に見える。その火花の恰好に従って色々の神の姿に見えるのでありますから、その火打金の打ち方に従って、いろいろの姿に現れるのでありまして、或人には観世音菩薩の姿とも現れ、又生長の家の神様といわれる伊邪那岐命様のような白髪の老翁ともなって現れ、又或る人には阿弥陀如来とも現

応化身　衆生を救うために相手に応じてさまざまに姿・形を変えて現れた神の姿

燧石　火打ち金と打ち合わせて火をつける道具。石英の一種。火打ち石

火打金　火打ち石と打ち合わせて火をつける鉄片

観世音菩薩　最もひろく崇拝されている菩薩。大慈大悲に富み、三十三の姿に変じて人間の一切の悩み苦しみを除くとされる

伊邪那岐命様　日本の「国生み神話」に描かれている神。伊邪那美命と共に多くの島々や神々を生んだ。皇室の祖神である天照大御神とその兄弟である月読命と須佐之男命の「三貴子」の父神

れるのであります。神様はこういう形であると一定したもののように思っていられると間違なのであります。しかし、各人に一々ちがった形を以て現れるということになると妄想だとも幻覚だとも誤解されますので、神様が方便を使って同時に同じ姿に現れるという場合もあるのであります。先月私が軍人会館で講演した時、同じ姿の神様の姿を見たという人が数人ありました。又私の姿と神様の姿とが一つに重なって、私自身が髯を生やしているように見られて、「今日は先生があんなに附け髯なんかして、落っこちたら一体どうするつもりかしら。どうしてあんな滑稽なことをなさるのだろう」と思って、おかしくておかしくて堪らなかったと話された方もありました。先日服部さん宅で誌友会がありました時にはその姿を見た人が四人ありまして、本部でその話が出ましたら、白い髯をはやした神様なら私も見たという人がまた三人ばかりおられて「私も確かに髯を見ました」といわれました。

　神様の姿はいろいろに変化して現れられる。そうかと思うと或る場合には

方便　ある目的のために便宜的に使う手段

大勢の人に同じ神姿を以て現れられるのであります。そうでないと勝手に狂信者が妄想を描いてそれを神様だと思ったりしているんだと批難されますから、方便によって同じ姿を現されることもあるのであります。このように神姿というものは、自分と天地の真理と一体になった時に、燧石と火打金とがカチと打合った時に現れる火花のように現れるのでありますが、そういう神様の姿を拝みたいと思って一所懸命に力んでおられる人もありますが、神は本来形なきものでありますから、必ずしも拝む必要はないのでありまして、ただ、これは神様を見た人もある、という話にすぎないのであります。

七、見神の原理

この燧石を火打金でうつ力は、どこから来るかと申しますと、自分に宿る真理と、天地遍満の神(即ち真理)とは本来一体であるという真理から来る

頭注版㉕二一二頁

見神　姿かたちある神を見ること

のであります。本来一体であるから、その本来の相になろうとして一つに合するのであります。例えば真宗で南無阿弥陀仏と称えることを例にとりますと、自己内在の阿弥陀仏と天地遍満の阿弥陀仏とが言葉の力で合一して、仏と我と一体の実相が現れて、そこに救いが成就するのです。「南無阿弥陀仏」という言葉の力が自己内在の阿弥陀仏を引出して天地の真理たる阿弥陀仏に衝突かった時に、そこに火花として生じた極楽浄土が指方立相の浄土である。それは神様の姿が或る方角に、或る形に、多人数同じ姿に見えるようにあらわれるのと同じように、形もあり、方向もあり、多人数同時に一つの地域として認めうる浄土として現れて来るのであります。これは明かな否定すべからざる事実であって、指方立相の阿弥陀仏だの、極楽浄土だのを実際に存在すると信じているような近代人はあるものではない、と説いて問題を起した人もありますが、これは宗教的体験なく、真理を知らず、唯、読書や思索だけで仏説を知ろうとする人の事であります。この自分の中

南無阿弥陀仏　阿弥陀仏に帰依する意を表す言葉。浄土宗、浄土真宗では阿弥陀仏の浄土に救い取ってもらうために称える

に宿る神（又は阿弥陀仏）と、天地に満る久遠本仏と一つになる時に生ずる火花が、形に現れて来た時、そこに方角もあり、姿もある指方立相の光明無量の極楽浄土がありありと現れずにはいないのであります。これは事実であって理窟ではないのでありまして、理窟上あり得ないとか、あるとか水掛論をやってみたところで始まらないのであります。「生長の家」は各自の直接体験によって、自分は久遠実相の浄土に今住んでいる、と同時に指方立相の形ある浄土にも住んでいるということがはっきりと分らせられる所であります。それで生長の家の人類光明化運動はキリスト教でいえば各人の胸の中に今迄十字架に縛られて窒息していたキリストを復活せしめ再臨せしめる運動であり、仏教でいえば各人を皆極楽浄土に往生せしめる運動であります。それも理論的、哲学的な実相の浄土のみではない、実際に姿もあり、方角もある極楽浄土に皆なを救いとろうとする運動であります。これを日本古来の神道でいえば、夜見の国の汚れを身禊ぎ祓いする、言葉の力に

久遠本仏　『法華経』の「如来寿量品」に出てくる言葉。永遠に変わることのない根本の仏

水掛論　互いに自分の立場や主張にこだわっていつまでも争うこと

よって汚れを祓い浄めて、光明遍照の世界に導き入れる伊邪那岐命の一大禊祓い運動であります。こういうふうにすべての宗教の最後の、究極の目的を成就する運動がこの生長の家の人類光明化運動でありまして、汎く実際に於て、その成績をあげているのであります。人類さえ実相を悟れば、極楽浄土がそこに形あるものとして実現するのであります。理論は先ずこの位にいたしまして今しばらく実例を引いて理論を証拠づけることに致したいと思います。

八、誌友の種々の体験例

頭注版㉕二一四頁

実例といいましても近頃あんまりたくさんあって、どれをお話しようかと思う位でありまして、新聞広告に載っている実例もたくさん来ている礼状のほんの小部分の抜き書きなのであります。

先日、或る奥さんが一人の若い御婦人をお伴れになっていらしったのでありましたが、その御婦人は十四歳の時から二十二歳の今日に到る迄、八年間も毎日毎日多量の月経があるので、貧血で死にはしないか、こんなことでは一生涯結婚不能だからいっそのこと死んでしまおうかなどと色々思いつめられ、又いろいろと手をつくされた後、私のところへ来られたのでありました。私がこの人に四回話しを致しましたら不思議に治りました。私がどういってその婦人に話しましたかそれを公開致しますから、今私がこうして話しますことを覚えていて頂いて、その通りお話しになりますと、皆様もたちまち名医になって他の方の病気が治せるのであります。（一同失笑）現に先日、浅草金忠商店での集りの時にも長崎小学校の栗原先生がこれは月に三回月経のある婦人に、私のいった通りをお話しになりまして、それですっかり月一回普通量の月経になったということを発表せられました。「生長の家」は秘密も秘伝もない。私がお話しする言葉をようく覚えて頂くと皆さん

月経　思春期以後の女性にみられる、周期的に反復する子宮内膜からの生理的出血

いっそ　むしろ。思い切って

失笑　思わず笑ってしまうこと。ふき出すこと

金忠商店　信徒の巽忠藏の営む商店。東京市電の浅草橋停留所前にあった。本書第十章参照

長崎小学校　明治十八年に東京府の長崎村立長崎小学校として開校。現在の豊島区立長崎小学校

も名医になれるわけであります。さて話を前に戻しまして、八年間毎日月経のある御婦人はどうかしてそれを治したいと、これまで専門の医者に罹られて子宮の手術をしておもらいになったこともあれば、子宮にレントゲンをかけてもらったこともある。脳の下垂体にレントゲンをかければ治るという医者があるので、それをやってもらった。あらゆる手を尽されたにもかかわらず少しもよくならなかったのであります。その上酸味のものを食べると出血が殖えるので林檎一つ食べることも出来ないというような状態でありました。それでこの方は、こんなに夥しい出血が続いたらば衰弱して死んでしまいはしないだろうかという恐怖と、一生涯結婚不能という恐怖とで毎日苦しんでいるといわれるのであります。その時私の言った答えは要するにこうでした。「肉体は心の影でありますから出血も心の影であります。血が勝手に出るように思っていますが、皆な心が血を捨てているのです。血液というものは肉体になくてはならない要素であって、神の恵み、即ち天地

下垂体　脳下垂体。間脳の視床下部から下方に突出している内分泌腺。各種のホルモンが分泌される

に充ち満ちている生命が、天地の生かす力が肉体に影を映して血液となっているのです。その血液を無駄に放出しているというのは、あなたの心持が、天地に満ち満ちている恵みを有難いと思わないでいるから、折角の神から与えられたものを無駄にすてているのです。ですから今日からあなたはほんとに有難いと思わねばなりません。心の眼を開いて御覧なさい。あなたは皆様の有難い愛の中に抱かれているのです。何事でもほんとに有難く受取って、人の恩を恩と思わないで捨てるその心を止めればその出血はとまるべきものです。もう一つ出血の止まない原因は、あなたが出血を恐れていることです。その恐怖をとっておしまいなさい。恐れると血液の中に毒素が生ずる。毒素が生ずればそれをどこかに出さなければ身体の生理作用が完全に行われない。毒素をあなたが製造する以上は、出血は自衛作用であって病気ではありません。だから今後は出血しても怖れなさるな。怖れなければ毒素は生じない。新しく毒素が生ずることがなければ、今迄の毒素を含んだ血液をすっかり放出して捨ててしまった後には自然に月経は止りますから安心しなさい」と申上げたのであります。それから感謝の心持を持つようにしたとき病気の治ってしまった実例を二、三お話し申しあげて周囲一切の物に感謝するように勧めてその日はお帰りになられました。その次の日にはお嬢さん一人でやって来られました。そしていわれるには「先生、まだ出血はとまりません。いくら先生だって、私の気持はお分りにならないでしょう」とおっしゃるのです。（聴衆笑う）そこで私は申しました。「いや、あなたの気持は、あなたの心の中に這入っている位よく分っています。あなたはどこへでもお嫁に行きますという気持におなりなさい。そうすれば出血は今日からでも治ります」と申しますと黙っておられるのです。そこで「あなたは、心に何か秘密があるのでしょう」と訊きますと、初めは黙っておられましたが仕舞いには「あります」といわれるのです。（聴衆笑う）「あなたがどこへでも嫁きたいという気持になれないのは心に秘密があるからです。その

嫁（かたづ）く　嫁に行く。とつぐ

秘密を解消しておしまいなさい」といいますと、「解消するってどうするんでございます」といってお訊きになるんです。「解消するという事は潜在意識の中に溜めてある思いをスッカリ外に出して浄めてしまうことです。私の前ですっかりあなたの心の秘密を白状しておしまいなさい」と申しますと、顔を少し赧らめて黙っていられるのです。まだ他に修行者もいたことですから話し難かったのでしょう。それと察しました私は、「私の前で白状出来なければ神様の前に白状なさい。誰もいない部屋でもよろしいから、自分の秘密を神さまにスッカリうちあけるつもりで言葉に出して表白して、さてもう心の中の悩みは消えたと、はっきり思いなさい。或いは紙に詳しく書いて神様に捧げて、こういう秘密を持っていてすみませんでしたと、お詫びをしてから焼きすてて、『これですっかり罪も消えてしまった』と念じなさい」と申上げたのでありました。すると四、五日して、又、その娘さんがやって来られて「先生、まだ治りません。実は出血が一層劇しくなりまし

赧らめる　恥ずかしくて顔を赤くすること

表白　考えや心情を言葉で表すこと

た」と被仰るのです。（聴衆笑う）そして「出血の劇しいのは自壊作用だと思っていますから気にかけませんが、ちょっと御相談があるんですが、実は昨日私に縁談が起って来たのですが、先生それを断って好いでしょうか」といわれるのです。「一体どんな縁談なのですか」と聞きますと、何でも遠くからその縁談はかかって来たのです。といいましても日本人でありますが朝鮮とかにいられる方だそうです。そこへ嫁ぐことがどうしても嫌だといわれるのです。「一体あなたはその人に逢ったことがあるんですか、写真を見たことでもあるんですか」といいますと、「逢ったこともないし、写真も見たこともない」と答えられるんです。「写真も実物もどちらも見たこともないのにどうしてその相手の人が嫌いなのです。それは変じゃありませんか。あなたはやはり心の中に秘密を持っていてその秘密を解消していない。まだどこへでも喜んで嫁ぐという気持になっていないではありませんか」と申しますと、その方の言われるのに、「この縁談は五ヵ月前に始まっ

自壊作用　外部からの力によらず、内部から自然に壊れるはたらき

たので私がまだ『生長の家』を知る前で大変私の心の状態が悪かった時に始まったので、一時そのままになっていたのが又かかって来たのです。『生長の家』の真理によると、肉体も環境も心の影と申しますから、私の悪い心の時に起ったこの縁談はどうせ結婚しても良く行きっこないように思えて嫌なのです」と申されるのです。それで私も「そんなにあなたが嫁ぎたくないのを無理に嫁ぎなさいといったら、あなたはわざわざ又、病気をこしらえて自分を結婚不能にしてしまうから断った方がいいでしょう。その代りこれから以後に始まった縁談には喜んでどこへでも嫁く約束をなさい」といったのでありました。それ以後一週間程見えられませんでしたが、そのお嬢さんが一週間程後にやって来られて皆さんが帰られてから、私と二人だけになった時、私に「お蔭様ですっかり治りました」といって、大変に喜んでお礼を申されたのでありました。八年もの長い間、あらゆる治療をしても治らなかった常習月経が、たった私が三、四回話しただけで綺麗に治ったとお礼をいわれたのであります。「昨日は大掃除のようにずいぶん激しくハタキ掛けやら雑巾がけをして立ち働いたけれども少しも出血はなかった。今迄だったらちょっと掃除をしてさえもそのあとが大変だったのです」といって喜こんでおられました。或る機会にこの話をしましたら、来合せておられた栗原先生がそれを覚えて帰られて、同じことをいって月三回月経のある婦人を治されたのであります。要するに「自分にこの病気があると都合が好い」という状態にあると病気がなかなか治りきらないのであって、一時は治っても又すぐに起って来るのであります。というのは、病気も健康も心の影であって、心によってどのようにでも現れて来るものだからであります。

　この間京都で集りがありました時に、大津市某郵便局長の御夫婦が来ておられましたが、この奥さんは耳が悪いのであります。どうして耳が悪くなられたかといいますと、姑さんが大変に嫁に対して意地が悪い、可愛い息子をとられたという嫉妬心から、よその人には大変よい人なのですけれども、嫁に対しては辛く当るのです。それである時、奥さんを殴りつけられたそうであります。生憎耳に手があたって鼓膜が破れて中耳炎を起してしまった。だんだん聴力が衰えて来るので実家へ帰って耳鼻咽喉の医者に半年も通っているが一向に快くならない。何とかして治りたいと思うのだけれどもといって私に話されたのでありました。そこで私が、「あなたは今どうにかして治りたい、といわれたが、それはあなたの表面だけの心で、あんたの本当の奥底の心はそれと反対なのですよ。今耳を治してしまったら姑が自分を窘めたということの証拠を湮滅してしまうということになるから、姑はかくの如き悪い姑である、私を殴附けてこんな酷い目に合わせたのだと人に示す証拠がなくなってしまう。『姑は悪人である、残虐無道である、ここに証拠がある』と証拠を残しておきたい心持では、どうしても耳は治らないのです。そういう心であなたが自分で耳を悪くしているのでしたら、その内心をお変えなさい。そして姑を恨む心をすてて、姑の残虐無道を証

湮滅　あとかたもなく消えること。すっかり消して隠すこと

明する証拠の要らぬ心になっておしまいなさい。そしたらあなたの中耳炎は治ります」とお話し申したことでありました。それから後一週間程たってその奥さんから京都支部の石川夫人のところへもうほとんど全快したというお礼状が来たのであります、と申しますのは京都の誌友会を石川さんのお邸で開きましたので、石川夫人に礼状を寄越されたのであります。ともかく、半年ほど医者に通いつづけてもちっともよくならなかった耳が、私の話を聞かれて心が変った、と共に僅か一週間にしてほとんど治ってしまったというのであります。こういうふうに心で治ってはならないと思えばいくら手を尽しても治らない。恨む心を捨ててしまえば、人を恨むための証拠物件たる耳の病も要らない。だから、耳の病が治って来るのは当然であります。

　耳の悪い話で思い出しましたが、まだ三十歳位で、だんだん聴力が衰えて、良人が後方から呼んだらいくら大声で呼んでも聴えない。正面から大声で話をするとやっと聴えるという奥様がありました。その良人の方が午前

石川夫人　石川貞子。生長の家京都支部を設立した石川芳次郎夫人。本全集第九巻「聖霊篇」中巻第七章、第二十八巻「宗教問答篇」上巻第二章等参照

中に見えられまして、今晩その家内を寄越すからよろしく頼むと被仰った。その晩、その奥様が見えられましたので、「あなたは良人のいうこと聞きたくないという心があるでしょう。聞きたくないという心は心の耳に蓋をする心ですから、耳の道具は完全であっても段々聴えなくなって来るのです。耳をよく聴えて欲しいと思われるのでしたら、良人のいうことでも誰のいうことでも素直にハイといって聴くつもりになんなさい」と申上げたのであります。翌晩その奥様がやって来られまして「今日主人が後ろから呼びましたが早速聴えて返事をしましたので主人から大変喜ばれました」といわれました。このように病気は自分でこしらえようと思えばこしらえられる、治そうと思えば治るものであります。ついこの間も横浜の誌友会で若い奥さんが私に話されたのでありますが、この方は今肋膜でお里帰りをされていたのですが、この方はお里帰りをすると病気になられる、この例は嫁入すると嫁入先で病気をする例とは反対で、里帰りをすると病気になって婚家先では健康で

肋膜　肺の外部を覆う胸膜に炎症が起こる疾患。現在では胸膜炎という

婚家先　嫁または婿となって入籍した家

いるのです。実家へ帰っては病気になって寝附いてしまって半年位は婚家先へは帰れなくなるのです。これはつまり婚家へゆきたくない。舅姑又は良人のところへ帰ることを忌避する心があるから里へ戻っては病気を起して休養しているのであります。このように病気を起しては嫁入り先へ行かなくても好いようにしているという例はたくさんあるのであります。

よく会社なんかに勤めていて、上役や同僚を気嫌いしたり、仕事を面白くないと思ったりした人が、神経衰弱とか、不眠症とか、又は胃腸病などにかかって欠勤をすることがあるのでありますが、それは勿論虚偽ではありませんし、誰しも病気になれば辛いから表面意識では病気になどなりたくないのですけれど、つまりその人の会社に行きたくないという潜在意識の作用が形に現れて具象化したのにすぎないのであります。そういう人が上役とでも同僚とでもよく調和するように心掛け、仕事を嫌わず上役を嫌わず、全てのものと調和して、「会社に行って仕事をすることは楽しい」と思うよ

忌避　嫌って避けること

神経衰弱　心身過労などを誘因として神経系統の働きが低下し、神経過敏・脱力感・不眠などの症状を呈する疾患。アメリカの医師G・M・ビアードが一八八〇年に初めて用いた用語

具象化　形になってあらわれること

うにすれば健康になって来るのであります。三界は唯心の所現でありまして、事務所の雰囲気が悪いと思っても、自分自身の心がよくなりさえすれば事務所の雰囲気までもよくなってくるのであります。

九、家庭光明化の実例

この間或る有名な医学博士の奥さんが先達ての私の軍人会館の講演を聞きに来られて、しばらく後に私に告白されたのでありますが、今迄その医学博士の良人に、いくら生長の家の話をしても「俺に一体神を信ぜよというのか。そんなキリシタンバテレンのようなものをわしが信じるとでも思っているのか」といって一言で奥様の言葉を封じてしまわれて、あとはちっとも聞いてくれなかったのだそうであります。ところが先日軍人会館の講演会に「講演を聴きにいって参ります」といわれると「行っておいで」と優しくいわれ

頭注版㉕二二三頁

キリシタンバテレン 日本にキリスト教が伝わった頃に使われた宣教師の呼称。また、キリスト教徒を指す

たそうであります。どうして急に変られたかといいますと、この博士さんはえらいお医者さんでありますから薬の効かないことをよく知っておられて、結婚されてから四十年間、奥さんが風邪をひかれたり腹痛を起されたりして、ちょっとした病気になっても少しも薬を用いないで「放とけ、治る」といっておられたのであります。ところが奥さんにしてみればそれがとても不深切に思えて、うちの良人位薄情な人はないという恨み心を常に心の中に持っておられたのであります。ところが、この奥様が生長の家に来られ、『生命の實相』を読まれて、自分が四十年間大した病気もせずに健康でいられたというのは、良人の「放っとけ、治る」の医術によってだとお分りになって、爾来ほんとに「うちの良人は有難い」という感謝の念を起された。すると妻の感謝の念が良人に映って大変深切な好い良人になって来られたのであります。この博士の「ホットケ、治る」については面白い話があるのであります。この間聖路加病院の西洋人の医者に、「自分は常に

爾来　それ以来

聖路加病院　東京都中央区の聖路加国際病院。明治三十五年にアメリカ聖公会が福祉事業を目的として創設した

ホットケで病気を治す。この薬で治らない病気は寿命のほかはない」といって話されましたら、すると西洋人の医者が懐から手帳を出して「ドクター、もう一度おっしゃって下さい。ホットケという新薬でしたね。そういうよく効く新薬が出来ましたかね。私も早速使ってみましょう」といって手帳に附け留めたと、その博士夫人が私に話されたのであります。それはともかく、奥さんが感謝の心を起されたら、その感謝の念が良人に反映して良人がとても優しくなって、講演会に行くといえば「行っていらっしゃい」とおっしゃるし、講演会が十時にはねて、それから知人の家に立寄られて、大分更けてからお帰りになったに対しても、ただ「遅かったね」といわれただけで叱言一ついわれなかった。講演会の翌日、奥さんが話されると、講演の要点をソファにこうしてもたれて「うんうん」とうなずいておとなしく聴いておられて今迄とスッカリ異う穏やかな良人になっていられるのです。このように奥さんの心持によって良人の態度がすっかり変って来られたのであります。この医学博士は人には「ホットケ、治る」で押通す位に大変おえらい方でありますが、何分にも七十二歳にもなられる老人であり、御信仰もないところから、時折どこかが痛むと、一時抑えにヨジウムを塗ったりされるのでありまして、夜分床に這入られてからも、よく奥さんに「ヨジウムを取って来てくれ」と被仰ったりせられるのであります。それに対して奥さんは、いつも黙々として世話をされるのに良人は感謝をいまだかつて表せられた事がなかった。ところが、ついこの間、やはり床の中から薬をとってくれといわれたのを、奥さんが寒いのに薄い寝間着のままで立ったり坐ったりして世話してあげられると、初めて夫が「有難う」とお礼をいわれたそうであります。四十年間連添っていて、四十年来一度も聴いたことのない良人の「有難う」という言葉に奥さんは驚かれると同時に、「ああほんとに有難いことだ！」と思われたのであります。**心が変ればそのところにこのように指方立相の極楽浄土が出現して来るのであります、**先程お話しました月経の治

ヨジウム　jodium ヨードチンキ。ヨウ素とヨウ化カリウムをエチルアルコールに溶かした殺菌薬・消毒薬

ったお嬢さんも血縁のおばさんの家に六年間も世話になっておられながら、一度もその世話になっていることを有難うとお礼を申されたことがなかった。叔父さんは殊に義理の仲だのにその叔父さんに対しても挨拶一つしなかった。それで叔父さんも怒られて、あんな奴を家に置いとくわけにゆかないといい出されて、奥様が中に立って苦労をされ、その方のために家庭の悶着が絶えなかったのでありました。それ程のお嬢さんが私の話を聞かれて、仏性が現れ、心の中の極楽が現れて来て、誰も別に、叔父さんに挨拶をしなさいと、そんな形の上の事は少しも指導しないのに、自分からおじさんの部屋の前で外出の前後に手をついて挨拶されるようになられたのでありました。この間もその姪御さんが、「生長の家へいって参ります」といって挨拶をされますと、それに対して叔父さんがやさしい語調で、「御苦労さま！」と言っておられる。それを聞いて、奥さんたる叔母さんは自分の住む家庭が既に天国浄土になったことに気附いて大変に喜ばれたのでありま

悶着　もめごと

す。良人たる叔父さんはこれ迄奥さんに対しても「御苦労」なんて、かつて言ったこともなかったのに、生長の家に来て、姪御さんの内にやどる仏性が現れて、やさしい、万事に感謝する姪御さんになられたところが、気むずかしい、奥さんにすら「御苦労」といわれたこともなかった叔父さんが、優しい叔父さんに変って、そこに天国が、形ある極楽浄土が湧出したのであります。その他、この前の講演会に話をされた野村さんの知人のお宅では、野村さんの講演を聞いただけで家庭の状態がよくなり、その家の良人が「今朝の御飯は大変よく炊けた。美味しい！」といわれたので奥様も女中も嬉しくて面喰った位であったと先日野村さんも話しておられました。

十、罪の消える原理

頭注版㉕二二七頁

真理は真理を呼ぶ。仏性は仏性を呼ぶ、一人よくなれば家族全体がよくなって来るのです。真理を知ることによって、内に現れて来た極楽を他の人に話すと、その人にも極楽世界が現れて来るというふうに、極楽の状態を言葉によって表現してゆくと容易く吾々の世界に地上天国を来らせることが出来るのであります。しかし直接講演や対談によって人々を光明化するのでは知れている。いくら人を集めたところで、今日のように千五百人とか二千人とかいうふうに人数を制限されてしまいますから、それだけではなかなか全人類の光明化を来すことが出来ません。印刷を応用して真理の言葉を文字にして、書物という速射砲の弾丸にし一度にたくさんの真理の言葉を連発して人に読ませるということにしたならば、読む人はたちまちにして無限の力を得て、自分の内に宿る天国浄土が現れ、家庭が極楽になり、病人は治り、磔刑にされていたキリストが十字架から降りて自由を得、死んだ人ばかりを救っていた阿弥陀仏が各人の生きた魂の中に現れ出る。この時すべての人々が成仏して、ここに地上天国、指方立相の浄土が湧き出

速射砲　砲弾を迅速に装填・発射のできる砲。転じて、早口でまくしたてることを指すこともある

であるのであります。浄土湧出、キリスト再臨とは各人の心の内に地上天国を来らせる事でありまして、一人のキリストが空中高く現れて、善人のみを救いとって、悪人をゲヘナの火に投げ込んで焼き滅ぼしてしまうという、ホーリネス教会の信仰みたいなものではないのであります。世の中の人類一人一人の中にキリストが生き人類全部が生けるキリストになることこそ、ほんとのキリスト再臨なのであります。皆さん、私の申しましたこと、又本に書いてあることを取次いでそのまま、人に伝えて下されば、杵屋さんや、服部先生のように人の病気を治すことが出来るようになるのであります。聖書に書いてあるようなキリストの奇蹟の真似が皆さんにも出来るようになるのです。いえ、真似ではありません。皆さん自身の中に十字架に磔けられていたキリストが復活して来るから、皆様自身がキリストになれるのでありま す。キリストは「汝の罪釈されたり。起ちて床をとりて歩め」といわれた。罪が釈された、もう罪はないと知った時、すべての不幸はこの地上から姿を

ゲヘナ gehenna　地獄を指す。『旧約聖書』「ヨシュア記」「列王紀」に記されたエルサレムの近くの谷の名に由来する。いけにえが捧げられ、悪人が死後罰せられる場所とされた

ホーリネス教会　大正六年に中田重治が創始。日本ホーリネス教会。日本で生まれた初めてのプロテスタントの教団

「汝の罪…」『新約聖書』「マタイ伝」第九章、「マルコ伝」第二章、「ルカ伝」第五章にあるキリストの言葉

消してしまうのであります。この「罪を消す」ということは、お前は罪悪があるけれどもまあ赦してやるぞ、ということではないのであります。罪それ自身を消してしまうこと、これが罪をユルスということなのだ。罪をユルスの「ユルス」は釈放の「釈」の字であって、「釈く」ということである。つまり、吾々の実相のキリストの完全な姿を罪という「包み」でつつんでしまっている。その風呂敷包みを釈きほどいてしまうことであるのだ。そうするとこれ迄中につつみ匿されていたダイヤモンドの如く光り輝く吾々の神性、内在のキリスト、又は仏性が自然と現れて来る——これが罪の釈された状態なのであります。罪を釈すとは、罪があるけれども勘弁してやるということではない。罪があるが如く心を迷で縛っていたから、その迷の縛りを言葉の響によって釈いてしまって本来の自由自在の姿を現すということ、包みを釈くということ、包みを解脱せしめるということなのです。ここに到ってキリスト教の罪の釈しということと、仏教に於ける解脱ということとは全く

解脱　迷いや苦しみの縛りを解いて、人間本来の神性・仏性を悟ること

同じ事になるのであります。

さて終りに、先刻も話しました杵屋さんの話でありますが、この杵屋さんのお母さんは十八の時に何か神様に願がけをして、柿だちをされた。つまり「柿を一生涯たべません」といって願をかけられたのでありました。ところが杵屋さんが「生長の家」に入られて『生命の實相』などを読んでいられる中に「神様は人間に食べさせる為に全ての食物をこの世に顕し給うたのであって、それを人間が勝手に願がけなどして、断つということは却って神の恵みを受けないことになる」と思いつかれまして、或日、無理矢理にいやがるお母さんに柿を食べさせてしまわれたそうです。するとその翌朝いくらたってもお母さんが起きて来られないので杵屋さんが往って見られると、お母さんはお腹が痛むし、胸は悪いし、それはかりか、全身痛くてとても起きられないのです。「これは私が十八の時から願掛けして断って来た柿をお前が無理に私に食べさしたからきっと神さまの罰があたったのだ」とい

願がけ　神仏に願い祈ること

ってお母さんはうんうん呻っておられるのです。そこで、杵屋さんが「お母さん、そんな馬鹿なことがあるもんですか、神様はほんとに愛の深い方ですから、人に罰を当てるなんてことをなさりっこはありません。それなのにあなたが自分で勝手に罰が当ると迷信しているから、そのあなた自身の迷信があなたの体を縛って体中を痛くしているのです。神様のお作りになったものに人間の毒になるようなものはありません。今私がその迷をとってあげますから、さあお起きなさい」といって、手をとってひき起してしまわれたら、そのまま、お母さんの体の痛みは治ってしまったということであります。これは実際の話でありますが、神様は罰を当てない。自分自身の迷信が自分を縛って自分自身に罰を当てているのであります。神は完全なるものであります。その神が地上の生物を創り給うて、すべてのもの甚だ善しといって賞められた。この真実が判りますならば罰もなければ罰を当てられるような罪もないことが判るのであります。杵屋さんのお母さんは十八の時から何十年間も柿が食べられなかった。柿を食べたら罰があたると思っていたために禁を犯して柿を食べたら身体中が痛んで動けなくなって来た。これは神罰ではなく、罪の自縛であります。それを杵屋さんの言葉で、神は罰をあてられるような残忍な方でもなければ、神の造り給うた柿を食べることは罪でないと悟った時、罪の自縛が解き放されて、自然と汚れた風呂敷がほどけて、中から本来罪なくケガレなきダイヤモンドが輝き出たのであります。こういうふうに自分で自分を縛っていた罪がとれてしまった時には、人間本来の神なるもの仏なるものが姿を現して、この世が天国浄土となり、そこに住む人類の環境悉くが『無量寿経』にあるような無限供給自由自在な状態になって現れて来、天国浄土がこの地上に湧出するのであります。キリストも神の国は汝らの心の中に在りと申しました。心の中に、罪や罪人を罰する鬼がある間はその人の国土は地獄であります。心の中に神様や仏様ばかりで罪がなく罪人がなくなったとき、その人の国土は、三界は唯心の所現である

禁を犯す　禁じられていることをする

神の国は…に在り　『新約聖書』「ルカ伝」第十七章にあるキリストの言葉

理(り)によって、形(かたち)の世界(せかい)までも天国浄土(てんごくじょうど)として顕(あらわ)れてくるのであります。

理 道理。法則。すじみち

第九章　常不軽菩薩（じょうふきょうぼさつ）の教育（きょういく）

一、至道無難（しいどうぶなん）

　しばらくこの道場（どうじょう）へ出ませんでしたが、今日（きょう）は家庭光明寮（かていこうみょうりょう）の卒業式（そつぎょうしき）がありますので、出席致（しゅっせきいた）しましたわけでございます。もう皆（みな）さんの知らねば

頭注版㉖三頁

常不軽菩薩　『法華経』第二十「常不軽菩薩品」に出てくる菩薩。釈迦の前世の姿であったとされる。常に他を敬って軽んぜず、迫害に遭ってもひたすら礼拝した。本全集第二十巻「万教帰一篇」第二章等参照

頭注版㉖三頁

至道無難　仏教語。禅宗の第三祖・僧璨（そうさん）の詩「信心銘」の冒頭の句。悟りや真理に達する道は難しいことはない、という意

家庭光明寮　昭和十年、「家庭を光明化する婦人」を養成すべく、東京の赤坂にあった生長の家本部内に開設された「花嫁学校」。平成九年に山梨県河口湖町に移設され、平成二十三年に閉校となった

ならぬ教は大体今迄の『生命の實相』に書いてあるのでありまして、特にそれ以上に加える事がないのであります。もうそのまま静に『生命の實相』を読んで頂けばそれで宜いというような気持がしておりまして、尤も二・二六事件もありまして戒厳令が布かれて集会が禁ぜられて、そのため集ってはならない時期が永く続いておりまして失礼致しておりましたわけでありま す。

さて、しばらく振りで皆様のお顔を拝しまして、何をお話しようかと改りますと、何もお話することもないのであります。要するに言う事なしに唯嬉しいというのが、吾々の生命の実相であります。生命の実相というものは説こうと思っても説けるものではない、唯、有難い嬉しいのであります。ですから、我々が自分の生命の実相を悟りまして、それを生活に生きるということになりますと、ただもう生活が嬉しく明るく、家庭が円満に、見る物皆楽しくなって来るのであります。ではどんなに生活が変ってくるかといいま

二・二六事件 昭和十一年二月二十六日早朝、武力による国内改革を企図した青年将校らが起こした事件。翌日東京市に戒厳令が公布され、二十九日に鎮圧された

戒厳令 戦争や内乱などの非常時に際して軍隊に統治権をゆだねる非常法

すと、どんなにも変って来ないのです。やはり朝起きると顔を洗うのでありま す。（笑声）そうして神様を拝む習慣の人は拝まれるでしょうし、或は御先祖を拝む習慣の人は御先祖を拝まれるでありましょうし、そしてその次に御飯をお喫りになる。やがて出勤する人は出勤する。外形を見ていますと生命の実相を悟っても悟らなくても同じ事をなさるのです。一向変りがない。変りが無いけれども変りがあるのがこれが悟りであります。変りがあるのはまだ悟りが足りないのであります。よく自動車にでも轢かれて、轢かれたけれども怪我しなかったから有難いといって、これは「生長の家」のお蔭であるといって、私にお礼に来られる人がありますけれども、それは成程轢かれて怪我したり死んだりするよりは有難いに違いありませんけれども轢かれない人はもう一層有難いのです。ところが「轢かれたけれども怪我をしませんでした」といってお礼をいう人はあっても、「先生、私は自動車に轢かれませんでした。有難うございます」という人はほとんどないのであります。本当の悟りとは何事もないことがそのままそれが本当に有難いということが分るのでなければなりません。悟りというものは何の変哲もない、何の変哲もないものが悟なのであります。何かあると思うのはまだ悟っていないのであります。

二、どこにも有難さはある

毎朝、顔を洗って、「顔を洗った、ああ、有難い」と分るのが悟であります。空気を吸うた、ああ、有難いと感謝出来るのが悟りであります。この何でもないことに感謝の出来るように教育するための寮が家庭光明寮であります。何事か特別なことがなかったら感謝出来ないのでありましたら、特別なことはそう度々ありませんから、いつも不幸でいなくてはならない。そんなことでは家庭は光明化しないのであります。何にも特別なことがなくて

変哲もない　これと言って変わったところのない。平凡である

頭注版㉖五頁

も感謝出来る人の集りであってこそその家庭が光明家庭であります。何の気なしに皆さんは空気を吸うていられるけれども、もし空気を稀薄にでもされて、ほとんど窒息しそうになってから新しい空気を入れられたら、ああ空気というものは有難いものだ、とこう言われるでしょうけれどもいつも空気があるのに有難いという人は少いわけであります。そうですから、いつも空気が有難い、いつも顔洗うのが有難いというふうでなければならないのです。或る癩病の患者が或る霊力者に治してもらったことがあります。治した人は私の叔母さんで不動明王を拝む人でありますが、その人のところへ癩病患者が治してもらいに来たことがあります。最初は顔が潰れてずるずるの顔をしておったのでしたが、その叔母さんが不動明王の真言を唱えて加持をせられると、五、六日の中に治ってしまったのであります。或る朝その患者が顔を洗おうとして手で水を掬って顔を擦ると嬉しかった。何が嬉しかったかと申しますと、いつもその人の顔は普通の人のようにすべすべした

稀薄　濃度・密度がうすいこと

癩病　ハンセン病の旧称。一八七三年、ノルウェーの医学者ハンセンが発見した慢性の感染症。主に末梢神経と皮膚が冒される

霊力者　人知を超えた不可思議な力を持つ人

不動明王　真言密教の本尊である大日如来の使者とされる五大明王・八大明王の主尊。一切の悪魔や煩悩を滅ぼすために忿怒の相を現す。不動尊

真言　真言宗で唱える真理を表す言葉。陀羅尼(だらに)とも言う

加持　真言密教で行う祈り。手で印を結び、病気や災難などを除くために神仏の加護を祈ること

顔でなかったのにその朝、顔を洗ってみると皮膚が当り前にすべすべしている。「いつもずるずるしたでこぼこになっているのがすべすべしている。ああこんな嬉しい事はない。もう何年という間、こういう顔を洗う時の良い気持を味わったことがない。ああ、有難い！」とこういうふうに言って喜ばれたのを私はその本人の側にいて聞いたことがありました。この人は時偶顔を洗ってスベスベした触感を味わい得たのに、吾々は毎日スベスベした健康な顔を洗いながら、それを有難いと感じ得ないのは有難さに慣れて感謝の心が麻痺してしまっているのであります。吾々の心が麻痺していませんでしたら、いつも顔を洗って嬉しい、いつも空気を吸って嬉しい、いつも御飯を食べて嬉しい、というように、有難さは天地の間に満ちているのです。この当り前のことに天地の恵みを自覚して有難いと判るのが悟りであります。空気や食べ物や肉体がスベスベすることなどを有難いと申しますと、物質を有難がるように思われますが、物質を物質として観る限り本当の有難さは湧いて来ないのです。それは唯、化学方程式の世界であって、あるべきものがあるべきように動いているのですから、有難さは湧いて来ないのです。ところが物質を見ても「物質はない」と知り、そこに神仏の愛、兄弟の愛が現れているのであると知ると初めて有難さが湧いて来るのであります。

三、爽やかな喜び

何か変った事があったり、玉の輿に乗って立身出世でもして威張ってみんなを自分の思うさまに頤使してみたら嬉しいだろうかとお考えになる方があるかも知れませぬが、そういうふうな嬉しさは本当の嬉しさではないのであります。何にも無いのが、当り前のことが、それが嬉しくなるというのが、これが本当の悟であって、『生命の實相』を読んだり、私や諸先生の御話を聴いていられると、段々そうなれて来るのであります。この、何もない

頭注版㉖七頁

玉の輿に乗る　貧しい女性や身分の低い女性が金持ちや貴人の妻となること
頤使　あごで指図して思いのままに人を使うこと

のに嬉しい気持、有難い気持というものが、生命の実相でありまして、自分の担任が変ったから、役目を変えられたから悲しいとか憎いとか恨めしいとか腹が立つとかいうのは、これは、生命の本当の相を悟っていないからであります。生命の実相の悟というものは、常住坐臥、現象的に何がなくとも嬉しい、有難い、何でもない中に何ともいえない、爽やかな一種の喜びが続いているものであります。この爽やかな有難さというものが本当に体得出来た時に、家庭は無論光明化しますし、病気も治るし、運命も境遇もよくなるのであります。これは副産物でありまして、病気が治らなければ有難くないというような悟ではまだ本当の悟でありませんから、病気なども却って治り難いのであります。病気が治って有難いのなら、誰でも皆さんは、ここにおられる方々は、百歳位迄は長生きせられるか知れませんけれども、終いには死んでしまう。その臨終の時に「有難くない」と思って怨めしい思いで死んで行かねばなりません。そんなことでは折角今迄救われてお

常住坐臥 すわっている時も寝ている時も、いつも。常に

副産物 ある物事にともなって起こる物事

ったと思っておっても、それはウソで最後の土壇場で、今迄の悟はウソであったという事実を暴露し、結局、生命の実相の救いはその人には何の役にも立たなかったということになるのであります。

四、実相の聖悦は八方正面の悦び

それで病気が治るとか、運命が良くなるとか、そんなことが本当の有難いということではありません。自分の生命――これが仏であり神である、このまま自分が仏と同体のものである、神と同体のものである、という実相が分ってその実相が悦びであるということになりますと、もう自分の本当の相が悦びなんですから、どちらを向いても、自分の向うところは悉く喜悦に変ってくるのです。それは喩えば、ここに光があるとしますと、その光の向うところ、みな明るくなるようなものです。それと同じように我々の心が悟を

頭注版㉖八頁

聖悦　けがれのない清らかなよろこび

八方正面　どちらから見ても正面に見えること。四方正面

喜悦　大きな喜び

開いて、自分が神である、自分が爽やかな悦びそのものである、自分が爽やかな有難さそのものである、ということが本当に悟れたら、事々物々どんなことがあっても、みんな有難いと感じられるようになるのであります。それが本当に悟りが生活に生きたというものであります。「頭を擲られても有難いと思え」といいますのも、それであって、何も無理に擲られてみて痩せ我慢して強いて「有難い」と思うのではないのです。擲られなくとも有難いのです。ただもし擲られるようなことがあっても有難いというのは、光というものはどちらを向いても明るくなる。それと同じように自分の生命の本当の相が出て輝いて来ましたら、何でもかでも常住有難いということになるのであります。私達は光明寮の人たちをこういう目的で教育しているのであります。

五、或る盲人の治った話

この間或る本を見ましたら、こういうことが書いてありました。或る金光教の教会で三年間盲目であった人が伴われて来まして、「先生神様にこの盲目の視えるようになるようにお取次をして頂きたい」と、こういってお願いになったのだそうであります。ところがその教会の先生が機知のある人でありまして、「あんた、その目を治して欲しいのなら随分お供え物をしなければなりませんぞ。うんとお供物をしなくちゃ神様はおきき下さらない」こういわれたのです。すると、その連れて来られた盲人が、これでは随分金でも搾られるのであろうと吃驚したのです。しかし、この目が治るのなら、どれだけでも財産全部でも神様にあげても好いと覚悟して、

頭注版㉖九頁

金光教　教派神道の一つ。安政六年、赤沢文治（川手文治郎）により創始された

お取次　金光教で、取次者(教師)が参拝者の願いを神に届け、神の言葉を参拝者に示す信仰活動

機知　時と場合に応じて働くとっさの知恵

「先生それではどれほどお供えしたらよろしいか」と訊きました。そうするとその先生が、

「あなた目が不自由で色々と不自由な身をしておられるが、それが治りたいなら、そんなお前の家の財産全部持って来てもまだ足らぬ。あなたは癇癪持に違いない。その腹の立つ心をお供えしなさい。その、人を恨む心、憎む心、不足をいう心、そういう色々悪い心をみな神様にお供えしなさい。そうしたらあんたの病気は治るのだから」とこういわれたのであります。

生長の家も金光教も教うるところは同じであります。結局は無我になって、アレコレの揀択なしにただ「有難い」とお受けすることです。するとその盲人がその教を有難く受けて、これから「腹立つ心」を止めますというかと思いの外、

「先生、ちょっと待って下さい。この腹の立つことだけは供えられません」とこういった。「もし神様に全部この腹の立つ事を供えてしまうと誓をして

癇癪　少しのことで激しく怒り出すこと

揀択　仏教語。選び出すこと。よりわけること

から、それから止むを得ぬことがあって腹が立ったら、又神様にお供えしたものを取返したことになって、もう一つ神様に申訳がない事が起りますから、この腹の立つ事だけはお供えする事を勘弁して頂きたい」とこういって頼んだそうです。本人がそういうものですから、金光教の先生も仕方がありません。

「それじゃ、まアあんたが本当にこの腹の立つ心を供えたいという決心が起るまでは、その心を供えないでよろしいが、腹が立つのを止める妙薬がある。」

「それはどういう妙薬ですか。」

「それはね、有難いと思うのです。」

「先生それは有難い時には有難いと思えますが、有難くない時には有難いと思えません。」

「それはね、心の中で有難くなくても何でもいいのだから、言葉であゝ有難、

妙薬　不思議なほどよく効く薬

いとこう思うように口の中で唱えるようにしなさい。」こういうふうに教えてくれたのです。

それからその盲人が家へ帰って翌日の朝、御飯を食べる時に、何分盲のことでありますから不自由で、お汁の椀をひっくりかえしてしまったのです。するとお給仕しておった奥さんが大変怒って「盲のくせに疎々っかしい」といって怒鳴りつけたそうです。その時に盲人は腹が立ったのです。しかしその瞬間、金光教の先生のいわれたことを思い出して、ああこれであるな、この腹の立つ心を神様にお供えしよう。それには先生のいわれた通り腹が立つ時は有難いと思えといっても思えないのだから、せめて口で有難いと思おうとお考えになって、「ああ、有難い、有難い」とこう言葉に出していわれたのです。すると普通ならば荒々しい腹立つ言葉を出すところを、「有難い」と合掌していえたその事自身が有難くなって来たのです。これが生長の家でいう「言葉の力」でありまして、現実には有難くないのだけれども、「有難い、有難い」とこういっているうちに自然に本当に心の底から「有難さ」が催して来るのであります。爾来この盲人にいつの間にか本当に「有難い」という心が芽ぐんで来た。何をしてもらっても自分が盲目であるために「人にお世話をかけてああ済まぬ、こんなにもして頂いてどうも有難い」という気持が本当に心の底から湧き出て来たのであります。自分自身に本当に有難い気持が湧いて、相手の人の深切を合掌して拝めるような気持になりますと、立ち対う人の心は真にも自分の心の鏡であります。今迄突慳貪にいっておった奥様が、それ以来非常に深切になって、家庭が実に円満な模範的な家庭になってしまったのであります。それからしばらくしていると、或朝ふとその盲人の目が見えるようになりました。「やア、神様のお蔭を頂いた」というのでその人は大変喜んで教会の先生のところへ来て、こういう事情で神様からお蔭を頂きましたということを言って、お喜びになったということがその本に書いてありました。

芽ぐむ　草木が芽を出すこと。感情や思いが起こり始めること

突慳貪　とげとげしい言い方をしたり、乱暴にふるまったりすること

六、神様のお蔭はどこから来る

頭注版㉖一三頁

神様からお蔭を頂いたと申しますと、金光教では何かお宮へでもお詣りして、お宮の中の神様から御利益を頂いたように、形から見ればそう見えますけれども、金光教の教祖の御理解の中には「神は宮の中におらんから、神を拝みたければ外へ出て拝め」というような事をいっておられます。「御理解」というのは真理を金光教祖の心を通しての悟の理解を簡単な言葉の中に御表現になりましたもので「生長の家」の「智慧の言葉」みたいなものです。無論神様は外に出なければいられないかと思いますと、これは又間違でありまして、神様はどこにでも充ち満ちておられるのでありますが、この御簾の中ばかりに神様がおられるように思っておった当時の信者の迷信に対して、反動的に「神は宮の中にいないから神を拝みたければ、外へ出て拝

「智慧の言葉」 真理を短文で書き表した著者の箴言集。本全集第三十四巻「聖語篇」に収録

御簾 神前や宮殿などで用いられるすだれ

め」というようにいわれたのです。金光教に限らず、仏典でもキリスト教の聖書でも乃至は生長の家の教でも本当の教の真意を知ろうとするには、いつ、誰に対して対機説法的にいわれたかということを吟味してかからないで、言葉だけで揚足を取っていてはその評者の品位を墜すばかりであります。

無論神様は天地到る処に充ち満ちておられる。――これが神様なのであります。そういうふうな神様が本当に金光教の神様であります。天地金の神というと、何か金儲けでもさせてくれる神様であろうとお考えになる人もあるかも知れませんけれども、そうじゃないのであります。天地を貫いている金剛実相の神様であるという、その天地金剛の字を取って、「天地金の神」と、学問のない人に解りやすいようにお説きになったのであります。こんな話をしますと、生長の家は金光教の提灯持をするように思われる人があるかも知れませんが、生長の家はどんな宗教でもその神髄の好いところをと

対機説法的　相手の素質や能力や立場に合わせた説き方であるさま

吟味　物事をよく調べること。念入りに調査すること

揚足を取る　相手の言い間違いや言葉尻をとらえてやりこめたり、からかったりすること

天地金の神　金光教の奉祭神の名称

提灯持　他人の手先となってその人の宣伝をして歩くこと。また、その人

神髄　最も重要で奥深い大切なことがら。「真髄」とも書く

ってその好いところを生かすようにするので、どんな宗教でもその神髄のよいところを引出してくれば一致して仲好くなれるのであります。

七、万教は神髄に於て一致する、この神髄を捉えて宗教教育を施せば宗派に偏らぬ宗教教育が出来る

天地を貫く金剛不壊の神様というのは金光教の神様でもありますが、金光教だけの専有の神様でもありません。金光教の神殿にだけ跼蹐しているような小さな神様でもない。それはどこにおられるかというと、天地を貫いて生き通しておられる。神様は天地を貫いて在さざるところがないのですから自分の中にも在すし、無論外にも在す。この自分の中に在すところの神様を見出させるのが生長の家の教育であります。神様はお宮やお厨子の中にのみいられると思っていたときには、お宮やお厨子を携帯して歩くというこ

頭注版㉖一四頁

金剛不壊 「金剛」は鉱物の中で最も硬いもの、ダイヤモンドのこと。非常に堅固で、どんなものにも壊されないこと

跼蹐 「跼天蹐地」の略。世間に気兼ねして肩身を狭くして暮らす意

在す 「いる」の尊敬語。いらっしゃる

お厨子 仏像や経巻などを納める棚状の仏具。正面に両開きの扉をつける

とは困難ですから、いつも神様と一緒にいるというような確乎とした安心が出来なかった。それで金光教祖は「神は宮の中におらぬ」と喝破されたのです。それでは神はどこに在すかというと、自分の中に在すのです。「神庇は吾が心にあり」といわれた。吾が心の中に「おかげの素」があるのです。その「おかげの素」を呼び出すにはどうしたら好いかというと、神は言葉でありますから、言葉の力によって呼び出すのであります。「ああ、有難い」という言葉の力によって、今迄有難くもなかったのが、本当に有難くなって不平不満足というものがなくなってしまうのです。心にある不平不満足の曇がすっかり晴れてまいりますと、肉体は心の影でありますから、心の曇がすっかり晴れてしまった時にその人の肉体の曇がとれてしまって、盲目が治ってしまったのであります。

　生長の家の悪評をする人に「生長の家はカクテル宗教だ。あらゆる宗教の善いところばかりを抽き出して来てそれを混ぜ合わした混合酒だ」という

確乎　しっかりとしていて動かないさま

喝破　物事の本質を説き明かすこと

カクテル　cocktail　洋酒に果汁、シロップ、氷片などを調合した混合酒。転じて、いろいろなものを混ぜ合わせたもの

人があります。これは悪評しているのか賞讃しているのか判らないのであります。鉱山でもその鉱山から簡単に純金の正味ばかりを抽出する方法を発明したら、その人は大発明家であります。世の中の発明の約半分は夾雑物の多い物からその純分を出してそれを利用し易くすることで成立っています。厖大な仏典や、旧新約聖書や、有りとあらゆる宗教からその神髄を抽出して一つの飲み易い人生に有用なカクテルにしたということは、ただそれだけでも尊い発明であります。しかもそのカクテルの出来具合が余程よいので、そのカクテルを飲んだら子供の教育上の成績が上る、家庭がよくなり、病気が治るというのですから素晴しいものです。無論読んでも死んだ人もありましょうが、大抵は医者の持て余した患者が、藁にでも縋りたい気になって『生命の實相』を読んで治るのですから、医術の見捨てた廃物の人間から生きる力を文章の力(言葉の力)で呼び出すのですから、読んだ人の三十パーセントでも治ったとしたら素晴しい成績で、人間の廃物利用といわ

正味　付属部分を取り除いた実質的な中身。品物それ自体の値段

抽出　多くの中から特定のものを抜き出すこと

純分　金貨や銀貨、または地金の中に含まれる正味の純粋な成分

厖大　非常に大きいさま。数量がきわめて多いさま

旧新約聖書　『旧約聖書』と『新約聖書』。『旧約聖書』はユダヤ教とキリスト教の聖典。『新約聖書』はキリスト教の聖典

廃物　役に立たなくなった物。不要になった物

ねばなりません。

ですけれども、そういう病気が治るとか治らぬとかいう問題は騒がれますけれども『生命の實相』という本が病気を治したのではないのであります。今の金光教の話と同じであって、誰が治したのかというと誰も治したのではない。「神庇はわが心にあり」であります。『生命の實相』という本が病気を治したのではなく、それを読んだ人の心を病気の治るような心境にまで高め上げるだけに、巧みに言葉の力を駆使して書かれてあるのが『生命の實相』であります。

著書が病気を治す程だから、その著者に直接頼んだら一層早く治るだろうと思って「私のこういう病気を治して下さい」といって私に直接お頼みになる人もありますけれども、病気などは別に治してもらわなくても、心の曇さえとれば、寿命でない限り病気は自然と消えるのであります。無論読んでも心の曇はとれるのですから、その通りのことを分り易く講義をすれば、心の曇がとれるのは無論ですから、こんなに光明寮で講義をしたり、講習会で講義をしたりしているのであります。人間の生命の実相というものは目には見えない。目に見えるものなら、具体的に示して、ここはこうだと説明したり書いたり出来るのですが、目に見えない物を示して、心の中から「病気の治るような有難さ」を引出すのは象徴や、譬や、強調や、誇張などが要るので、文字に捉われて『生命の實相』の中の文句を揚足取する人は、さしづめ禅宗では棒喝を喰うところであります。

ですから仏典でも聖書でも総て譬を以て説くということになっているのであります。仏教でもたくさんの譬がある。まるで御伽噺集のようにたくさんの譬が引いてあります。『百喩経』などといって、譬話ばかり並べてあるお経もあります。ところが「生長の家」では現代の人に起った実例を譬喩の代りに具体的に引用してありますので、架空的な喩え話よりも一層効果的に悟りに導くことが出来るのであります。

棒喝 禅宗で、師の僧が修行僧を導くために棒で打つこと

『百喩経』 『百句譬喩経』の略。四巻。大乗経典から九十八の寓話を集めたもの。中国南斉の求那毘地訳だが、彼の師僧迦斯那が作ったものという

八、心の作用でワッセルマン氏反応が陰性となる

では、一つ二つ家庭がよくなり病気がよくなった実例を挙げましょう。ここに手紙の礼状があります。朝鮮から来た礼状でありますが、本人の名誉のためにお名前は申し上げませぬ。この方は良人を憎んでいられた為に良人から感染させられたと想定される梅毒が、幾回注射しても治らなかったのであります。すったもんだで大騒ぎを演じまして、離婚というところまで往っていたのであります。離婚して実家へ帰って医者へ通って注射をしてもらったが、幾度注射をしてもらってもワッセルマン氏反応に陽性と出て来るのであります。それで或る日「自分はこういう病気で真に前途暗澹として苦しんでいるが、本当にこんな病気でも『生命の實相』を読んで心の持方をかえたら治るか」という質問の手紙を私宛にお出しになったのです。私はその

頭注版㉖一八頁

ワッセルマン氏反応　梅毒の血清学的検査法の一つ。一九〇六年にドイツの細菌学者ワッセルマンらによって開発された

陰性　検査などで、病原体などが存在する反応がないこと。陰性反応

朝鮮　朝鮮半島は明治四十三年の日韓併合から大東亜戦争終結までの三十五年間、京城に朝鮮総督府がおかれ、日本の領土であった

梅毒　梅毒トレポネーマ菌感染によって起こる伝染性の性感染症

陽性　検査などで、病原体などが存在する反応が現れること。陽性反応

前途暗澹　将来に希望がもてず、暗い気分に陥っているさま

方に返事を差上げました。「どんな病気だって心次第で治ります。あなたは夫に怨みがましい心を持っているので、良人を怨むべき証拠としてその病気を大切に保存しておきたい心があるから、治らないのである。あなたのうらみがましい心を捨てて、こういう良人を持ったのも因縁である。この因縁を良人は捲き戻して自分の因縁を軽くして下さるのだ。ああ、有難いと思うようにしなさい、必ず治ります」と書いて差上げたのであります。ところが、この方が夫をうらむ心を捨て、ああ、有難いと感謝するような心になられ、同時に『生命の實相』を読んで「人間本来神の子である。肉体というものはあるように見えてもないのであって、本来人間神の子で無限の健康さを既に持っているものである」ということを自覚された時に治ってしまったのであります。この手紙にもあります通り、医療を廃して、『生命の實相』を読んでいるうちに今迄陽性反応であったのが陰性反応になってしまったのです。花柳病は伝染すると、普通にはいわれておるのでありまして、家庭の中で夫

花柳病　性病

が不品行であれば奥さんはいくら治療したって夫から感染されるのだ、到底助かりっこがないのだと、考える人もあるのでありますけれども、決してそうばかりではありませぬ。無論肉体は心の影ですから、この病気は、男女関係の心の紊れが肉体に影を映して、男女の交りをなす器官を中心にその心の紊れが影を映して現れて来るのであります。だからその不倫な心を止めない限りはそれは決して根本的に治らないのでありますが、奥さん自身は不倫な心を起さなくとも、良人に対して怨んだり、そういう不倫な良人との交りを不潔な思いをして避けようとするような潜在意識がある場合に、それを避けるためには性器に故障を起していれば最も都合がよいので、ここに病気が映って出るのであります。こういう場合には、

「あんたのお蔭で私はこういうふうに病気にならせられたのだ」と証拠を歴然と示していることが出来る。そうすると、良人の不行跡を責めるところの具体的材料が出来る。「それ見て御覧なさい。あなたのお蔭で私はこんな

不品行　行いの乱れていること。特に男女関係の行いの悪いこと

不倫　道徳にはずれること。特に男女関係で人の道にそむくこと

歴然と　はっきりと

不行跡　行いがよくないこと。不行状

になりました。私の病気はあなたの不徳のためなんですよ」とこう責めることが出来ます。この良人を責めたい欲望が肉体に現れて、いくら薬剤で治療しても治らないのです。ところが、良人を責める心を捨ててしまって、「こういうふうな良人を持つのも、やはり自分の心の影である、（生長の家では肉体は心の影である、環境も心の影であると申します）良人が放蕩するのも私の心の持ち方がわるいからこんなに放蕩なさるのである、どうも済みませんでした」というような気持になって、良人に対して誠に申訳ありませんでしたと拝むような心境になったならば、決して、良人の性病は感染しないのです。一旦感染しておってさえも、この人のように血液検査をしても治っていることが判るように、実際的に治ってしまうのであります。心の持方で治る位の病気なら神経病位のものであって黴菌性のものは治るまいなどと思われる方があるかも知れませんが、この通り血液検査をした上からも黴毒が完全に治っていることが検出されたのであります。この奥様は、もう

放蕩　思うままに遊びふるまうこと。特に酒や女におぼれること

離婚後でありましたから、自分の良人との問題は致し方がありませんでしたが、それから後に、諸方の家庭に働きに行って、行く先々の家庭を光明化して喜ばれていらっしゃるのであります。

九、良人の不品行の根本原因

良人の不品行の問題が出ましたからついでに申しますが、夫の不品行というのも、決して奥さんから独立して存在しているような問題ではないのであります。奥さんの心一つで治すことが出来るのであります。「三界は唯心の所現である」という釈迦の教、これは決して仏教の経典に書いてある唯の哲学ではない。今までは象牙の塔の上に陳列しておくほかはない思索上の哲学であると思われておったけれども、「生長の家」が初めて、これは単なる思索上の哲学ではない、本当に実際の吾々の日常生活に「唯心所現の

頭注版㉖二一頁

釈迦　紀元前四六三～三八三年頃。仏教の始祖。現在のネパールに位置したカピラバストゥ城で生まれた。釈迦族の王子だったが、二十九歳で出家。苦行の末三十五歳で悟りを開いた

象牙の塔　学者が現実を逃避して観念的な態度で学究生活を送ること

理」が現れているものであることを立証したのであります。もっと詳しくいいますと、生長の家がそれを立証したのではないのでありまして、私の書いた『生命の實相』をお読みになった皆さんが、心が一転すると共に家庭も健康も一変するという事実によって勝手に立証せられたのであります。

ここに家庭があって、良人が不品行であるというのはどういうふうにして起って来るかといいますと、これは、人間の自由と束縛との関係から起って来るのであります。——吾々は本来自由なものである。吾々の生命、人間の人格というものは本来自由なものなのであります。吾々の倫理の教科書には「人格の自由」というような題目が書いてありますが、本来人間というものは自由なものなのであります。その自由というものを縛ろうという観念、これが吾々を却ってわるい方へ導いて行くのであります。奥さんが、良人を縛ろうとする——これは何も良人を縄を以て縛るわけではありませんけれども、心を以て奥さんが夫を縛ることがたびたびある。「夫が早く帰って来て

倫理　人として守りふみ行うべき道。ここでは教科の名

くれない、もっと早く帰って来てくれたらいいのにナ！」というふうな考えが最初に現れると、だんだんとその心が良人を縛ることになる。良人の側から考えますと、官庁や会社に出て働いていると色々の悩み苦しみがあって、時たま友達と一緒に酒を飲みに行くというふうなことも処世上必要であるかも知れない。そういう時に奥様が「家の良人もあんなに酒を飲んで困るナ」というふうな気持で良人を縛る。そういうふうに奥さんの方で、自分の心のままに良人に綱を附けて縛っておきたいようになるように、自分の思う通りになるようになるようにと、こういう工合に「心で縛る」ようになって来ますと、良人は何となしに、家庭に帰ることが不快になって来るのであります。誰でも縛られるところへ帰って来るのを好む人はない、又縛られるのかと思うとどうも窮屈な気ずつない思いがする。それは、潜在意識での問題でありますから、そうハッキリとは感じませんが何となく自分の家へ帰るのが憂鬱な気持がするのであります。奥さんが、良人の帰りが遅い場合

気ずつない思い　気づまりな思い

に、縛るような心でちょっと苦い不機嫌な顔をする。それを思い浮べるとその不快を紛らすためにバーへ寄ったりする、そして家へ帰って来ると、案の定、奥様の御機嫌が悪い。

すると良人はどう思うかといいますと、「こんなにお前の為に働いてやっているのに、その為にこんなに遅くなっているのにこんな苦い顔をしやがって！」というようになって来る。毎度そうすると、家へ帰っても面白くないから「もっと勇敢にやってやれ」ということになって、良人は自由と解放を求めて外へ歓楽を求めて出て行くということになってまいります。

誰でも、縛る心を持つということはいけません。この「縛る心」を起すのはどういうわけで起すかと申しますと、やはり相手を信頼しないところから起します。良人を信頼しないから、良人を縛るという心になって来るのであります。「自家の良人は決してそんなわるいことをするような夫ではない。人間は神の子である。神の子であるところの良人が、そんなわるいところへ

案の定　思った通り

行ってグデングデンに酔っぱらって女にふざけるなんて、そんな馬鹿なことはない」と、良人を絶対信頼する根本観念が、初めから奥様の心にありましたならば、少し良人が外出して帰りが遅くなりましても、縛るような心で咎めだてをするというようなことがないのであります。或はまだ自分は一度も咎めたことはないけれども、家の夫は放蕩して困りますといわれる人があるかも知れませんけれども、よくよく顧みて御覧になれば、言葉で咎めなくても「心で縛る」ということは、やはり良人を反撥させるということになるのであります。

十、子供の教育法

皆さんが家庭をお持ちになれば、やがてお子さんをお有ちになるでありましょうが、子供が出来れば第一に子供の学校の成績のことが問題となって参

頭注版㉖二四頁

ります。この頃「試験地獄」というような言葉が流行っている位でありまして、どんな子供でも一所懸命勉強しなければならない、そうでないと入学試験にうまく行かないというようなことになっておりますが、そういう場合に大抵の奥さんは子供に対して「勉強しろ、勉強しろ」というふうなことを言葉でいい、或は心で強いるのであります。そうして子供が勉強部屋にいなければ、もう落第でもしそうな気持になって、恐怖心に駆られて「勉強しろ、勉強しろ」とこうお言いになる、これは言葉で相手を縛るのです。或は言葉でいわなくても、心で「今勉強していやしないかしら。あんなところへ行っておって、どうして勉強してくれないのかしら。」或は「勉強室に行っておっても落書ばかりしていやしないかしら」などという気持を以て子供を疑っています場合には、言葉で何もいいませんでしても、その念波を感じて、その勉強室にいるとその子供がどうも心が落著かない。何となしに不快な気持になって、勉強の部屋から逃出したいというような欲望が起って来るのであります。こういうふうな子供を連れたお母さんが、時々私に相談に来られることがあるのであります。そういう時に私がどういう工合に言って上げるかといいますと、「この子はよく勉強する子ですよ。」こういって言葉の力で唯一言いって上げると、大抵よく勉強するような子になられます。子供の方は一語で結構ですが、その代り奥さんの方には諄々と説いて聞かせなければならぬ。「心配しなさるな。あなたが心配するとその心配の念が子供を縛って、そうして子供を勉強机に縛り附けよう、縛り附けようとするから、子供の潜在意識では『縛られてなるものか』というふうな気持が起って、その縛りに対する反逆から、その勉強の居間に落著くことが出来ないのですから『もう家の子はよく勉強するに違いないのだ』こういう観念を以て子供を絶対に信頼してその自由に任しなさい。」こういうふうなことを諄々と説いて子供を自由に神の手に委ねるだけの安心をその母親に与えてあげた時、その子供が不思議によく勉強が出来るようになった例はたくさん

諄々　よくわかるように、懇切に繰り返して説くこと

あります。

実際、勉強の出来ない、成績の悪い子を、「勉強の出来る、成績の良い子だ」と信頼して思えといっても、そんなことは思えませんといわれる人がたくさんあります。それは思えないのが当り前なのです。それは五官の眼でその子の現象を見ているからです。しかし、五官は「信念の反影」を見るに過ぎませんから、「出来の悪い子だ」と信じている限りは、五官の眼で見ている限りは出来が悪いのは当然です。そんな時には五官の目を閉じて合掌し、そうして心を鎮めて相手の実相を観るようにすれば好いのです。良人の場合も子供の場合でも同じことです。子供の場合には「自家の子供は神の子であって自由にしておいても勉強するのである。人間は勉強が楽しいのであるから、親が心配しなくても勉強するのが当り前であるから勉強する」と、こういう意味の言葉を静かに念ずるのであります。これが「神想観」の応用法であります。神想観の方法は『生命の實相』第四巻又は『詳説神想観』

五官 外界の事物を感じ取る五つの感覚器官。目・耳・鼻・舌・皮膚

第四巻 本全集では第十四・十五巻「観行篇 神想観実修本義」

『詳説神想観』 昭和三十二年初版発行。その後増補新かな版等が刊行された

『光明の健康法』という本に発表しておきました。
『法華経』に、常不軽菩薩が、どんな人を見てもみんな仏の子であるとしておがんだということが書いてあります。この美点を見る教育法はあの行持を子供に応用したのであります。この行持を子供に応用すれば子供がよくなり、この行持を良人に応用すれば良人が良くなり、この行持を姑に応用すれば姑が良くなり、家庭が光明化するのであります。どうぞ皆さん、今後も常不軽菩薩のように相手の実相を拝んで生活せられんことを希望致します。

『光明の健康法』 昭和十一年初版。昭和二十五年に戦後版を刊行。昭和三十年には「谷口雅春選集」第二十一巻となる
行持 修行を怠らずに続けること。ここでは、常不軽菩薩がすべての人を拝んだことを指す

第十章　実相の開顕に伴う霊験

内容——昭和九年七月一日の服部仁郎氏宅で催された東京支部誌友の座談会は、霊能発揮の体験に、病を唯、話を聞き、思念してもらっただけで癒された体験に、近来稀に見る感激の多い談話でしたので、次にその概略を記録することにしました。

頭注版㉖二七頁

開顕　真実の姿をあらわすこと
霊験　神仏などによる霊妙不可思議な力の現れ。りやく

小林——私は小林正と申します。美術学校に在学中の画学生でございます。精しくお話申し上げなくてはお解り願えないのでございますが、実は私も以前から薬の効かないことは知っておりました。至って病身だったものでございますから、もう始終体温計は離しませんし、薬もいろいろ服用しておりました。それで、薬を一口含みますと、ああこの薬か、これじゃア仕様がないというような工合でして、一向薬は信用しないのですが、そうかといって他にはどうにも仕様がないので、貶し貶し薬を服んでいたようなことでございました。実は私は画学生なもんですから、砧村に婆やと二人でアトリエに住んで、画の勉強をしております。ところが、あれはどういうわけですか、密閉したアトリエに、ストーブのガスが籠っていたのかも解りませんが、或る日、夜でした、いきなりクラクラと来て卒倒したのです。わけのわからなくなっていたのはどのくらいだか、私にも解らないのですが、気がついて、ともかく婆やに心配させまいと思って、どうにかベッド

アトリエ atelier フランス語。画家、彫刻家、工芸家などの仕事場。工房

卒倒 突然意識を失って倒れること

まで行って横になってから婆やを呼びましたのです。入って来た婆やは私を見て驚いて叫びをあげました。ひどい発熱なのです。それに胸が苦しくて喀血しそうです。これはもうテッキリ駄目だと思いました。窓を明けて換気をしようにも少しでも外気が入ると悪寒がして耐らないのです。それで、耐らなくなって夜中でしたが、ともかく婆やに電話をかけてもらってかかりつけの医者を招びました。医者は神経衰弱だろうと言ってましたが、どうしても喀血しそうで仕方がない、心細いことおびただしいのです。数日そうしているところへ、そこにいらっしゃる石井さんが来て下さって癒して下さると被仰る。手で治す？　ソンナ事！　と思いましたけど、石井さんは実に丁寧に手を按てて下さって、胸は悪くない、横隔膜に故障があると被仰るのです。驚きましたねエ、以前医者にも横隔膜が悪いと診断されたことがあるのです。それで急に信用するようになりました。それから毎日来て頂きましたけど微熱はどうしてもとれない、サンザン駄々を捏ねていました。

喀血　肺や気管支が出血し、その血を咳とともに吐くこと

悪寒　不快な寒気がすること

横隔膜　哺乳類の胸腔と腹腔とを仕切る横紋筋性の膜

すると石井さんが、服部先生のところへ行ってお話を伺いなさいと被仰るのです。ちょうど、母が郷里から心配して来ていて、一緒に薦めるのです。「冗談じゃない、僕は病人ですよ。体が悪いのですよ」と言っても許されない、とうとう自動車で引張り出されちゃいました。ところが少し自動車に揺られている内に発熱して来ました。「占めた！」と思いましたネ。「ホラ御覧なさい、熱が出て来ましたよ。病気が悪くなりますよ」と言っても石井さんは相手にしないのです。とうとう服部先生のお宅へ連れて来られました。「そんなに簡単に僕の病気が治ってたまるものか」と思って先生の正面へ坐ったのです。ところが先生はジッと私を見ていらしって、「あなたは病気じゃアない」と言われるんです。驚きましたねエ。病人の僕を前へ置いといて、君は病気じゃアないなんて、そんな無茶ナ……と思いました。ところが、先生はお構いなしに「神の子に病気はない」と被仰って色々真理を話して下さいました。そして「どうです？　もう治ったでしょう」と被仰る。そうすると、不思議なことに、どうも残念なのですが治ったらしいです。(笑声)渋々と「残念ですけど、治った……ようです」と申し上げました。母が傍から「お前さん、そんな……」と慌てて止めました。先生はニコニコ笑っていらっしゃる。それだけでスッパリ治りました。それから帰りが大変なんです。すっかり元気になってしまいましてネ、行きとは大した違いなのです。「どうだ、一つ僕が運転してみようか」と運転手に言うと、母が驚いて、「ソンなことをして熱が出たらどうします」「大丈夫、神の子に熱なんか出るもんですか!」と言う調子です。さあ、家へ帰ると大変です。飛んだり跳ねたり、滅茶滅茶に喜んでしまいましてね。婆やに「僕はもう今日から神の子で、今までの僕とは違うんだぞ」と言うような調子なもんですから、母から軽弾みだといって叱られたんですけど、嬉しくって嬉しくってジッとしていられなかったんでした。――それから『生長の家』を読みましたが、前に『法華経』を大分読んだことがあって、私の理解していた真理が、「生長の家」で裏書きされているように思えたもんですから、益々嬉しくなってしまって、それからは逢う人毎に「生長の家」の話ばかりするようになりました。ところが滑稽なことになったんです。話を聞いた友人が「それでは一つ僕を治してくれ」と言い出しました。驚いちゃいましたネ。「そんなこと、服部先生じゃアあるまいし、僕なんかに、可笑しくって……」とヒラに辞退しましたんですが、その後先生にお逢いした時に御相談しますと、先生は、「下手な遠慮はするな」と被仰るのです。――「下手な遠慮はするな」……成程、先生は上手いことを被仰ると思いました。それから或る日、叔母を訪ねましたのです。叔母さんは坐骨神経痛で臥ているのです。下手な遠慮はするなと思いまして「叔母さん、僕が治してあげましょうか」と言いますと叔母さんは笑い出して「まさか、お前さんが……」と相手にしないのです。「まあ、とにかく委せて御覧なさい」と言いますと、母も傍から「お前さん、大丈夫かい?」と心配そうに言うのです。「大丈夫、大丈夫」

裏書き　物事が確実で正確であることを他の側面から立証すること

ヒラに　相手に強く願ったり、思いとどまらせたりする気持ちを表す。なにとぞ。どうか

坐骨神経痛　尻や足腰にしびれや痛みを生ずる腰痛の一種

と言いましたけど、ナアに御本人はあまり大丈夫でもないんでした。ともかく精神を統一して叔母さんの傍へ坐ると、手が自然に叔母さんの額へ行きました。「お前さん、頭じゃアないよ。脚ですよ」と叔母さんは笑うんです。「まあ、黙って委しておきなさい」というようなことでしばらく念じていますと、今度は手が自然に動いて腰へ行きました。そうすると不思議ですねエ、ビクビクと痺れるのです。その中にもう治ったという気がして来ました。それで「叔母さん、もう治りましたよ。立って御覧なさい」と言いますと、「真実かい？　お前さん、何だか可笑しいネ」と本当にしません。「何でもいいから立って御覧なさい。歩けるんだから」断然としてそう言いました。言ってから「オヤオヤ大変なことを言ったもんだ」と思いましたが追附きません。叔母さんも半信半疑でしたけれど、驚きました。立ったんです。歩いたんです。叔母さんは泣き出しますし、私迄一緒に嬉しくて泣いてしまったんでした。——それから、後にこんなこともありました。私の叔父で湘南の某病院の院長をしている人があるんです。叔父さんですけど年齢があまり違わないので始終往来して従兄みたいな間柄なんです。お医者なんですけど自働書記なんか出来る人だもんですから、私の霊能力も信じてくれていました。或る日病院へ遊びに行っていると「正さん、ひとつ病院の患者を診てくれないか」と言います。「冗談じゃない、あなたはお医者じゃないか」「いや、診断がつかなくって弱っているんだ。是非頼む」というようなことでとうとう引っ張り出されちゃいました。仕方がないから覚悟は決めましたけど、胸はドキドキするし、脚はすくむし、ようようの思いで病室へ連れていかれました。ですけどびくびくもしておられませんから腹を据えました。何しろ本職の医者が看護婦とズラリとならんでいるんですからテレましたけど、仕方ありませんから観念して療治をすることにしました。患者は子供で、お母さんらしい看病窶れした女がついていました。施療の人だったようです。肋膜が悪いというのです。ところが手を按ててみる

自働書記　自分で内容を意識しないまま、意味をもった文章がつづられる現象

ようよう　やっとのことで。かろうじて

看護婦　女性の看護師の旧称

施療　病気などの治療をすること

と肋膜はそう悪くはない。変だなアと思って腹部の方へ手が行きますと、どうも腹膜が悪いらしいのです。それで「肋膜の方はもうほとんど治っていますね。腹膜じゃアありませんか」と言いますと、叔父さんが吃驚しました。

「イヤ、驚いた、肋膜はもう実は以前に治っていて、腹膜だろうという見当はついていたんだが」ということでした。しばらく手を按てて思念してあげました。するとそのお母さんらしい人が「先生、治りましょうか」と言うんです。私は、私に言ったんじゃないと思って——何しろ唯の画学生ですからねエ、先生なんて呼ばれる覚えはないんです。澄していますと又「先生……」って言うんです。ハッと気がついて「ええ治ります」と答えましたけど、あんな酷い目に遇ったのは初めてです。（笑声）

石井——小林さんは真実にお偉いんでございますよ。先日もお訪ねしますと、アトリエと、あとは狭いお部屋だけのお住居なのでございますが、お話を伺ったり、唯小林さんのお宅のドアを入るだけで病気のお治りになる方が

腹膜　腹腔内の内臓と腹壁の一部を覆っている薄い膜

あるって被仰るのです。それから、フト気がついて「ちょっと待って下さい。実はあたしは先日から足首が痛んで困っていたんですが」と申し上げて、足首に触ってみますと、変ですわねエ、ちょっとも痛くないのですわ。真実に不思議だと思いますのよ、どういうわけなのでございましょう。

佐藤――それは、小林さんの周囲に、強い霊的波動が満ちているのです。その霊的波動に触れると、その力で病気が治るのでしょう。服部さんにも、たしかそういう御経験がおありでしょう。

服部――それでは、巽さん、あなたがひとつその御経験をお話して下さい。

巽――さあ、私はまだ何も解っておりませんのですがナ。

服部――あなたがお治りになったことが生長の家の真理ですから、それをお話して下さい。

巽――そうですか。それでは、ひとつ話さして頂きますかな。私は、実は医者に完全に駄目だと言われた病気を、こちらの先生に治して頂きましたので

巽さん　巽忠藏。貴金属卸商。本文中の治病体験は、『主婦之友』昭和十年五月号の生長の家探訪記事で紹介された。本全集第二十八巻「宗教問答篇」上巻第一章等参照

す。初めに娘が先生に治して頂きまして、その娘に導かれてお伺いしました。何しろ酷い病気でして、娘も大分胸の方が悪かったものですから、一度はもう死に別れの覚悟まででしました。

吉田夫人――父は、よく死ぬ気になったらいつでも一緒に死のう、三原山でもいいなどと申したのでございますよ。（笑声）

巽――娘も大分悪かったし、私も駄目だと思っとったもんで、以前にはお別れのつもりだったのですがな。今度来てみるとピンピンしとるで、驚きましたなア。

吉田夫人――父は、とても頑固者でございましてネ、いくら私が「生長の家」をすすめましても、まだ私の悟りが足りないものですから、受けつけてくれないのでございますの。気管支が悪いと申しまして、暑いのに私どもが障子を明けますと、家の中でマスクを掛ける始末なのでございます。それに、脚が悪くて歩きも坐りも出来ません。なかなかききませんのを、無理無

三原山 伊豆諸島の大島の大部分を占める大島火山の中央火口丘。噴火を繰り返し、昭和六十一年には全島民が避難する大規模な噴火が発生した。昭和八年の女学生の投身自殺の報道を機に、若年層を中心とする自殺が相次いだ

気管支 気管の下端が左右に分かれてから肺に連なるまでの部分

理先生のお宅へ連れて参りましたら、お話を伺っております内にキチンと膝を折って坐っておりましてねエ。歩けると先生に申されましたら、立って歩きましたのよ。ほんとに嬉しくて、私共も泣きましたわ。

巽――脚だけではない、手の指も曲るようになりましてね。――初めから精しくお話をせんではお解り願えませんのですが、私は、気管支が悪くて夏でもマスクを掛けなくては外気を吸われんのでした。娘にとれとれ言われても除ったら苦しくて我慢が出来ませんがな。それに腸が悪い。夜分なども度々御不浄へ立たなくてはなりませんで、脚が悪くなってからは、それも出来ませんから、尾籠なお話でお気の毒ですが、どこへ行くんでも御厠を持って歩かんことには行けませんのです。何にしてもあなた、三分、五分と頻繁なのですからな。それで直ぐこの先生のお宅の近所におります娘のところへも死ぬんじゃからお別れに来よう思って、御厠を伴れて来ておったのです。（笑声）気管支が悪くて、腸が悪い。その上に先年、帝大の真鍋博士に診てもら

御不浄　便所を丁寧に言う語

尾籠　きたなく不潔で話題として不適当なさま

御厠　おまる

帝大の真鍋博士　真鍋嘉一郎。明治十五〜昭和十六年。医学者。東京帝大医科大学に内科物理療法学講座（通称真鍋教室）を開設した。日本で初めてX線をレントゲンと呼称した。大正天皇、浜口雄幸、夏目漱石らの主治医を務めた

いましたら脳溢血だと言うことでした。梅毒性の脳溢血で全身神経痛だというのです。それで、帝大の分院へ入院しました。それから血液検査をしてもらいましたら、血液の中には梅毒菌はおらん言うのです。けれども潜伏しているから必ず潜伏しておってソレがワザをしおるのだから、マラリア菌を注射して発熱させてその菌を誘き出して、誘き出したところでサルバルサンを打って退治るというのです。それで、その通りにしてもらいますと、今度は出た熱がなかなか降らんのです。医者は心配ないというのですが、その中に両脚がお話にならん程痺れて来ました。医者に言うと、ソレはマラリア熱だから、熱が下ったら自然に治ると言うのです。ところがいつ迄たっても治らん。それで、塩谷先生に診てもらいますと、これは本病だから治らんと被仰る。脚の痺れも本病だから治らんと被仰るのです。治らんものなら病院におっても仕方ないからというので病院を出て、熱海の別荘からこの娘に招ばれて来ておったのでした。ところが、以前に肺が悪くて、もう死ぬ

脳溢血　脳の血管が破れ、脳内に血液が溢れ出る疾患

潜伏　病原菌などに感染していて、症状が現れていないこと

ワザをする　わざわいをもたらす

マラリア菌　マラリア原虫。蚊を媒介として伝播する

サルバルサン　一九一〇年にエールリヒと秦佐八郎が開発した梅毒治療薬の商標名。今日では医療用には使われない

退治る　「退治」の動詞化。うちほろぼす

塩谷先生　塩谷不二雄。明治十五～昭和三十八年。医学博士。東京帝国大学医学部教授、同附属病院小石川分院長等を歴任した。癌やラジウムなどを研究した

本病　本来の病気。余病に対して言う

と思っとった娘が臥てもおらんし、どんどんと働いておる。そして、しきりに神さんの話をするのですが、私は一体に神さんや仏さん言うものを好かん。子供の時から散々苦労して、頑固と押しでどうにか今日までやって来ておったのですから、我が強うて、神さんだとか仏さんだとかいうことなどは考えたこともない。第一、字もよう読めんから理窟は解らんし、神さんなんかいう、あるかないか解らんものを信じる気には馬鹿らしゅうてなれなかったのでした。ところが娘がたって薦めますので、こちらの先生をお訪ね申しましたのです。実はソンな阿呆な、怪態なことがあるか思うておったのですが、ところがお伺いした時に、もうチャンと膝を折って坐っておる。その上に先生の目の前で立って歩けたのでした。さあ、嬉しゅうて有難うて仕様がない。翌日は、早速家中で雅叙園へお祝いに繰り出しましたがナ。（笑声）

吉田夫人——その時、父はもうマスクもとっておりましてね、自動車の窓を明けて風がブウブウ吹き込むのに、平気で涼しい顔をしておりましたのでご

たって　強く要求するさま。是非とも。どうあっても

怪態　奇妙なさま。不思議なさま

雅叙園　昭和六年に目黒雅叙園として開業した料亭。前身は昭和三年に細川力蔵が開業した芝浦雅叙園。平成二十九年にホテル雅叙園東京に改称

ざいますよ。

巽――雅叙園の広庭を歩き廻りましてネ。

服部――あそこは随分広いのですよ。

巽――さあ、一里位歩きましたかナ。

服部――もっと歩いてますよ。

A――腸はお治りでしたか。

巽――治りました。雅叙園の御馳走を喰べて。（笑声）こうやって（正坐している膝を指さして）坐っていられるし、この通り（両掌の指を伸縮して）指は自由に動きますしネ。私なんかは頑固で罪が深くて、神さんに尻ばかり向けとったのですが、どうしてこんな一徹者が、有難いオカゲを頂いたものでございますかナ。

佐藤――一徹も、正しい方向に一徹になると有難いものですなア。

伊東――実相を悟ったら、実相が自ら開顕して、自然に病気が治るのです

一里 約四キロメートル

一徹者 思い込んだことをかたくなに押し通す人。頑固者

ね。だけど、病気が治るだけではない。病気が治るのは実相を悟った結果だから、その他にも、性格が楽になるとか環境がよくなるとか、そういう実例があると思うのです。どなたかお話し下さいませんか。

佐藤――サア、これも病気が治った話ですが、伊東さんの言われる意味にも通じると思いますからお話しましょうか。先日、故郷の父から来た便りにちょっと書いてあったのですが、故郷の――盛岡の人で結核の第三期で、医者からは死を宣告されておったのだそうです。医者から宣告もされたので、遺書も作成し、後事も整理して静かに死を待っておられた。ところが、ある晩、電灯がいやに暗くなった。明るくしてくれというと、明りに変りはないと言う。それを聞いて、その人は、いよいよ死ぬ時が来たと悟ったのだそうであります。ところが、思い掛けないことには、その人の胸に、思いも寄らなかった、想像さえも出来なかったような、のびのびとした、何とも言いようのない、楽な楽な大安心が、ひろびろとひろがったのだそうです。「ああ

故郷の父　佐藤勝身。昭和九年、著者が設立した出版会社「光明思想普及会」の役員を務めた。また、著者との共著で『法華經解釋』を上梓した。本全集第八巻「聖霊篇」上巻等参照

結核の第三期　結核は一期・二期・三期と分類されていた。第三期は最も重い状態。現在はそうした区分はつけていない

後事　将来のこと。特に死んだあとのこと

大安心(だいあんじん)　仏教語。仏の教えを学んで得た心の安らぎ

楽だ」と思われた。これは、ああしたい、こうしたいの「我」、生きていたいとか、死ぬなら早く死にたいとかいうような「我」、それが一切無くなってしまって、神のふところへ、楽々と総てを融かし込んだ、絶対のおまかせから来る大安心、いろいろの真面目な修行者が得ようとしている、大安心の悟りなのでしょう。つまり、この人は、いよいよ死ぬと悟ると、肉体に対する執着をスッパリとなくしてしまった。それで「生長の家」の肉体無の悟りを、自然に悟って「ああ楽だ」と実相の常楽の心を味わわれた。その気持は筆舌にはつくせないと言われたそうですが、その安心を自覚されると、パアッと電灯が明るくなって、そのまま病気が治ってしまったのだそうです。今は元気で父の所へも訪ねて来るそうですが、ほんとに実相が悟れると、死の一歩手前からでも天寿を全うする道へ通じるものなのですねエ。

B——だけど、それはなかなか難しいことだと思いますね。

佐藤——そうでしょうか。それは唯心の世界ですから、難しいと思う人には

筆舌にはつくせない
文章や言葉ではとても表現できない

難しく、易しいと思う人には易しいのではないでしょうか。肉体無しと悟ったら、これが易しく思われもし、実際に大安心を現ずることも出来ると思って、私は毎日修行しているのです。（下略）

（以上は佐藤彬氏の記憶による筆記でありますから、次に座談の中心人物たる小林正氏及び、巽忠藏氏にお願いして生長の家で体験された奇蹟についての記録を御自分で御書きして頂きましたのを掲載し、以て相対照して、奇蹟の実相に跳入して頂きたいと思います――編者）

光を観て

小林　正

ありふれた話の中に、こんな異様な匂いのする事柄――私を中心として起り、私の周囲を驚かせ、それ以上に私自身が全く驚いてしまった事件――があるのである。

以下私に関する事のみをくどくどしく述べるのを許されたい。

佐藤彬氏　佐藤勝身の長男。著者の教えに共鳴した芸術家達による雑誌『生命の藝術』を創刊。弟は洋画家の松本俊介

対照　照らし合わせて比べること

跳入　とび入ること

頭注版㉖三九頁

＊

一美術学校の生徒として今日席を置く迄、幼少より「何々炎」と名附けられた病気に、次々と大小十幾つかに悩まされた私は、本年一月十一日に、仕事場で突然胸部の痛みと、手足の痺れを感じ、間もなく周囲が見えなくなって倒れてしまった。私としては倒れる事は時々あったのであるが、これ程苦しく卒倒したのは、初めてであった。

翌十二日に、時々御世話になる聖路加病院に入院した。病状は、病弱の体の過労から、神経衰弱となり、それに全身の発作的神経痛を起したとの事である。入院中は病院からヒステリーの一種として、ある程度迄片附けられていたが、私としては全く苦しく、かなりな醜態を尽して、四月三日に退院した。

自宅にあっても依然として発作的な痺れ、痛み、微熱、発汗、目まい等に悩まされ、その上、胸部、肋膜部、盲腸部、腎臓部が、交互に痛み出すと

ヒステリー　神経症の一つ。精神的な抑圧や葛藤や鬱屈が身体症状や精神症状となって現れ、感情を統御できずに発作的に激しい興奮状態を呈する

醜態　見苦しい行動や態度。恥ずべき状態

いう状態は入院中と大差ない程であった。病気という奴にはかなり馴らされていた私ではあったが、あまりに苦しみが長びくので、神経は過敏になる一方で、且つ絶えず様々な不安に襲われていた。

私は「死」を恐れたのではない。「死」はむしろ、卑怯にも最も楽な途であるとすら思った。しかし私には、一人子の病弱な私を実に苦心してこれ迄育ててくれた両親がある。何とかして早く親に安心させたいものと、それのみを考えていた。

私の苦しみを見兼ねた母は、私に灸と漢方薬の治療をすすめ、私は今迄如何程にすすめられても頑としてきかなかったこの灸を母の一言でやりはじめた。漢方薬も飲用した。

これらを一ヵ月程続けたが、聖路加病院での、紫外線治療、マッサージ、及びロディノン、ブロカノン、カルシウムの各注射を三ヵ月間毎日交互に繰返していた時の効果同様に、私の自覚症状には何の変化もなかっ

紫外線治療　紫外線を応用した光線療法の一つ。紫外線療法

た。

ところがここに重要な人物の登場を記さねばならない。ある人を通じて、掌療法家庭普及協会の先輩であり、生長の家の熱心な誌友である石井輝子夫人に紹介された事である。

私はこれ迄、掌治療、食指療法、霊気術等心霊治療に信頼を置かなかった事は勿論である。これらの効果ある事は、灸や鍼術同様に聞いてはいたものの、病気になれば、東洋一を誇る聖路加国際病院に、身を任せる事を最上のものと思っていた。しかし幸いにも前述の如き過程を踏んできたので、これも母の一言で素直に治療を受ける事にした。今迄は総ての治療に際してこちらから、痛みの個所を指定しなくてはならなかったはずのものが、私の痛む個所を石井夫人が指されるので、これだけでも大きな驚きであった。しかも聖路加病院の最初の診断と全く同じ個所を指されたので、私は今更ながら、石井夫人の療法に新しい眼を瞠った。これは発病してよりか

掌療法　患部に手のひらをかざし、そこから出るプラナ(生命磁気)によって治療する療法
霊気術　患部に手を当てたりかざしたりして生命エネルギーを流し込むとされる民間療法。臼井式霊気療法など
心霊治療　霊的エネルギーを患者の肉体に送って行う治療全般
灸や鍼術　身体にあるツボにはりやきゅうで刺激を与え、免疫力や自然治癒力を高める療法。鍼灸

なり日がたった五月二日の事である。

これより、この療法を一日或は二日おきに八回程受けると、一月はじめよりこのかた、あれ程続いた発作的な痛みが、急に少なくなってきたので、私は失望しきっていた自己の体に、ようやく光明を発見し出した。

しかしいまだ全く「安心」とはいえなかったし、時々気分がぐずつくので、心配された石井夫人から、はじめて「生長の家」の存在を知らされ、その東京支部長たる彫刻家の服部先生の話などきかされた。私は別に大して気にも止めずに聞いていた。

五月十六日の午後、私は二日前より右下腹部がかなり痛く、心臓が苦しく、頭が重く、例によって七度三分程上った体温計を見ながら、床の中でつぶやいていると、石井夫人が来られて、今日服部先生の許へ行こうといわれる。私は気分が悪くて、お愛想にも行きましょうなどという気がしなかったので、躊躇していると「気分が御悪いのなら尚更行かれるとおよろしいです。先方は私よりずっと偉い方なのですから、必ずお治りになります。」

私は敬虔な石井夫人の態度と言葉を考えてしまった。多くの人々は自分を中心に置いて「私が……」「私が……」といいたがる。石井夫人の治療はあれ程苦しんだ私に対して現に効果をあげているのに「私よりもっと適当な方がある」といわれる。そこで私は直ぐに行く事にした。

しかし何しろ気分が悪く行きたくないのを無理に、車へ乗ったので、石井夫人と母とに対してこそ従順であったが、果して「生長の家」とやらで、どんな効果をもたらすかは、かなり疑っていた。道程は遠いし、退院してから初めての外出だし、頭と盲腸部は痛むし、心臓は苦しい上に、体温は上ったようで、時々不平をすら洩したりした。

ところがこの日が私にとって、私を一変させた最も記念すべき日であろうとは、夢にも思わなかったのである。

＊

敬虔　うやまいつつしむ気持ちの深いさま

服部先生にはじめてお会いして、約三十分程色々とお話をきいた。その間私に手一つふれて下さらぬ。次第に先生の話が、簡単ではあるが、実に内容のこもった、立派なものであるのに気が附いた。私は十六の頃に、子供ながらある種の悩みに遭遇して、かなり苦しんだ事があった。この頃から、『法華経』に興味を持って、時折目を通していた事がある。ところが先生のいわれる事が、幾節もこの経典を連想さすのである。私としては、これが頗る愉快の極みであった。これらの先生の話をここに簡単に記すのは、誤られ易いから省くが、私は胸に応えたものであった。そして「解りました」と答えた。その折、先生はまだ下腹部が痛いかと問われたので、気を附けてみると、あれ程痛んでいたはずなのに、いくら押しても感じがない。同時に心臓部も、頭も、微熱的自覚症状も一瞬にして消えている。これは、話に夢中になった一時的のものと思って自ら安心していたが、それにしてはあまりに急すぎるのだ。今迄痛い痛いといっていたのが急に恥しくなって、盲腸だ

遭遇　不意に出会うこと

けなりと何とかして痛いと告げようとしたが、不幸にして、何の痛みも感じないのである。私は、不本意ながら兜を脱いでしまった。側から石井夫人は拍手を送った。今迄眉間にしわをよせていた私も遂に爆笑してしまった。驚いた事になったものだ。帰宅してから腕が鳴って致方がない。急に大言壮語して尽くるところを知らずといった有様だ。

その翌日から、一歩も外へ出なかった私が早朝から起きて散歩に出かけた、すると、これは又どうした事か。空、大地、小鳥、私の目にふれる総ての物が、光り輝いているではないか。何という美しさだろう。私の耳に触れる総ての音は、快い諧調を保っている。私の歩いている――武蔵野の小さな一隅――周囲で畑に立つ人、歩く人、総てが光をはなつ立派な存在ではないか。

私は一時間近くも歩き廻った。

私は一変した。今迄ほとんど床に就いていたものが、僅かの午睡のみに止

兜を脱ぐ　かぶっていた兜を取って降参する意

大言壮語　できもしない大きなことを言うこと

諧調　気持ちのよい調べ。ハーモニー

午睡　昼寝

まった。あまり急な変り方なので、母は嬉しい半面にいくらかの不安があったらしく少しは床に著いたらどうだと迄いう。これ迄、滋養剤と薬を浴びる程服んでいたのを、すっかり止めてしまう。毎日必ず体の苦痛を訴えたり、不平をいう必要が無くなった。食事はあたえられたものを全部食べる。発病以来四ヵ月半不眠症で悩んでいたのが、眠ろうと思えば、いつ、どこでもねられるし、起きようと思えばいつでも目が覚める。

人に対しても真の親しみを感じる。何かの機会あれば、なぐりつけてやろうと思っていた人を連想すると、その人の長所が頭に浮んできて、逢うのすら厭であったのに、急に話し掛けたくなる。どんな人に話し掛けられても、どんな人が来ても前と全く異った喜びを感ずる。

『生命の實相』を読むと今迄解らなかった聖書の一節や、『法華経』の一部を、うなずく事が出来る。神想観と名づける「生長の家」の静坐法を続ける中に、手が動いたり、体が宙に浮いて高く舞上る感じがしたり、同時に、己の息や声が遥か下方から聴えたり、或る時は、仏像が忽然と現れたりした。

　一日石井夫人が来られて、

「今にあなたが、病人を治すようになるでしょう」と。まさか。自分は「生長の家」のおかげで、体が治り人生観も一変したが、他人の病を治す等とは、全く考えるだけでおかしかった。

＊

　以上のような話を私が時折、人々に語り出すと、私が偉大なる(?)霊感に依って己をいやし、今まさに人々をも救わんとしているという、妙な噂が飛んだ。

　それから間もなくである。遂に「治してくれ」という声を耳にした。私は全く非常な困惑を感じた。直に服部先生の指示を乞うた。

「君は自分で悟って、自分を治したのではないか。それが人に及ぼせぬはずはない。悩んでいる人の許へ行って上げなさい。」

忽然　にわかに。突然

「行ってどうするのですか?」

「君の好きなようになさい。」

「だって。いくらなんでも……。手でも当てるのですか?」

「それは君が知っているはずだ。方法も薬もない、君は人に及ぼせぬと自覚しているから、出来ないのであって、そんな下手な謙遜はするものでない。」

　私はあっけにとられてしまった。と、その瞬間、再び胸を打ったものがある。

「解りました。」私はこう答えた。

　私は更に異った世界に足を踏み入れてしまった。これは六月はじめの話である。

　間もなく神想観に於いて掌にひどく、いわゆる霊気とかいうものを感じ、又頗る簡単な事ではあるが一週間程先の予測が違わず附いたり、市中など歩いている時急に、思い掛けぬ方へ行けと命令が、どこからとなしに

謙遜　へりくだること。控えめであるさま

霊気　霊妙な雰囲気。神秘的な気配

くるので、さからわず、その通りな飛んでもない方へ歩いて行くと、私に有利な事が置かれてあったり、或は人と対坐すると、その人についての少しばかりの事が解るようになったり、こういった事が、頻々として起ってきた。

これと時を同じくして今迄病人であった私が、ある患者の側へ行って、自然に手が患部に当り、手、足、腰の神経痛で、歩行困難の人に三十分程思念すると、急に元気で歩き出して、側にいた母を仰天させたりした。

服部先生のいわれた通り、私に妙な確信が附いて来た。

私はここで自重しなければならぬと思った。それは往々こういった状態の自己陶酔に陥る危険を警戒しなければならないと思ったからである。

私は、一日母と共にこれらの事柄を、ある結核療養所の院長である私の叔父に会って、詳しく報告した。

叔父は少なからず驚きの眼を見張っていった。

頻々 同様のことが引き続いて起こること

自重 自分の言動を慎んで、軽はずみなことをしないこと

自己陶酔 自分の行動などにうっとりとして酔いしれること

サナトリウム 結核患者が入院する施設。空気の澄んだ高原や海浜などに設けられることが多い

「それはいい事をした。医者の目下の急務は病人を治すにあるので、如何なる方法にせよ治ればいいいいはずだ。面白い事は君の話は、科学を度外視して、決して成立たないと思う。私も、早速『生長の家』へ入ろう。」

＊

世の中は変ればあまりに変るもの。その後の私の忙しさといったら、文字通り目の廻る程で、六月はじめから七月の終り迄に、五十余名の、色々な意味で患者と呼び得る人々を拝見し、思念した。この中の私の興味あった二、三の例をあげれば、前述の叔父の分院で、ある子供の病人をはっきり診断したので、副院長や看護婦が、不思議がったり、皮肉にもK病院入院中の某医学博士夫人からの御依頼もあった。又心臓弁膜症で医者から明朝迄もたぬといわれた人の苦しみも直に癒ってしまった例や、耳から鼻へかけて十何年間とか気分の悪かった人が、一回の思念だけで治ったり、又危篤の病人を、先方から知らせのないうちにはっきり解ったりした等々。全く最初石

度外視　取り上げる必要のないものとして無視すること

心臓弁膜症　心臓の血液の流れを調節する弁が正常に機能しなくなる疾患

井夫人がいわれた通りの事になってしまった。

　これらは別に何の不思議もない、私が治すのでなく、簡単にいえば患者の内に潜む自然療能に呼びかける迄の事である。又これらは私を吹聴する為に述べるのではなく、私の如き若輩の者ですら、「生長の家」を通じて、このようになったのであるから、何とかして悦びを人々と共にしたいと思うからである。私は「生長の家」のいい見本になった。この見本をお目に掛ければ、何かお役に立ちはしないか。

　私はこの為、画学生としてのほとんど全ての仕事は、出来ないし、郊外の足の不便な所にいるので自動車代の負担はかなりの額になった。私としては今のところは、むしろこんな状態なのである。

　私が健康になって多くの人々は喜んでくれた。わけても私の両親の喜びようといったら。私は目頭が熱くなってこれ以上書けない。

*

自然療能　人間に備わっている、自ら病気を治す力
若輩　年齢が若いこと。また、自分の経験や力量の少ないことをへりくだって言う語

私はこれらの事を簡単に述べてきたが、断る迄もなく、こうなる迄にかなりな努力を払ったつもりである。

「生長の家」を通じて直に私の胸を打ったもの、私が連想したものは何であるか、よく聞かれるが、これらは第二義的なものだと思う。それより事実を事実として、素直に見る事が、よいのではないかしら、これらは私一個人に関する事だと思う。しかし今それを不本意ながらあげれば、『法華経』の「如来寿量品」、「普門品」、聖書の旧約の「創世記」、新約の「ヨハネ伝」、「立正大師遺文」から、『如説修行鈔』、『祈禱鈔』、フロイドの精神分析等の私の知っている僅かな範囲の数節である。又今読んでいるベルグソンの『精神力』から考えさせられる事が多いように思う。又思想家、哲人、文豪等の言葉は勿論の事、人々の想いを誘う、ゲーテ、カーライル、エマーソン、トルストイに少しでも通じていたなら、誠に興味あったことではなかろうかと思った。

「如来寿量品」　『法華経』第十六品。最初の一句が「自我得仏来」で始まっているため「自我偈」とも呼ばれる

「普門品」　『法華経』第二十五品「観世音菩薩普門品」の略称。「観音経」

「立正大師遺文」　日蓮宗の開祖である日蓮聖人の書き残した文章。立正大師は日蓮聖人の諡号

『如説修行鈔』　文永十年成立。『随身不離鈔』とも言う

『祈禱鈔』　文永九年成立

フロイド　Sigmund Freud　一八五六〜一九三九年。オーストリアの精神科医。精神分析の創始者。人間の精神症状は潜在意識の中の抑圧された性欲衝動(リビドー)の作用にあるとした。主著に『夢判断』『自我とエス』などがある

「生長の家」の仕事は、広い意味で、哲学、宗教、科学、別けて、心理学、医学から、研究され得る問題が多くはないかしら。

「生長の家」は、一教一派一宗に偏しない宗教運動であり、人類光明化運動とも呼ばれている。

病める者、悩める者の外に、各派の牧師、僧侶、教育家、医者が会員として殖えつつあるとの事は誠に興味深い事である。私は広義に於ける文化運動の一端であるといいたい。

以上は七月一日に服部先生宅で開かれた、東京誌友会で、お話した事を中心として記したもので、服部先生のこの日のおすすめで、不遜を顧みず綴ったものである。しかも一ヵ月以上もおくれてしまった事を、ここに深くお詫びする次第である。

私の心的変化については一切を省いた。勿論こうあるべきで、前述の偉人の言葉を引用すると同じく、第一義的な必要さから、掛け離れたものであ

ベルグソン Henri Bergson 一八五九～一九四一年。フランスの哲学者。実証主義的形而上学を築いた

『精神力』 本書執筆当時の邦訳の一つに小林太市郎訳、昭和七年、第一書房刊がある

ゲーテ Johann Wolfgang von Goethe 一七四九～一八三二年。ドイツの詩人・小説家・劇作家。作品は『若きウェルテルの悩み』『ファウスト』など

カーライル Thomas Carlyle 一七九五～一八八一年。イギリスの歴史家、評論家。主著は『衣服の哲学』『英雄と英雄崇拝』『過去と現在』

エマーソン Ralph Waldo Emerson 一八〇三～一八八二年。アメリカの思想家、作家。主著は『自然論』『エッセー集』など

り、且つ、これを綴るのは、余程困難である事は断る迄もない。私が幸にもかくなる迄に、多くの方々の御教示と御指導を賜った事はいう迄もないが、特に、「生長の家」の主唱者たる谷口先生と前述の服部先生、石井夫人のお三人に、ここに深く感謝の意を表する次第である。

生長の家の奇蹟に救わる

巽　忠藏

物質科学のあらゆる力を借りても絶望状態にあった私が救われたので、喜びが沸々として心のなかに抑えきれない感謝を、皆様にお分ちして倶に救われたいと思います。少しの間私の体験談を話さして頂きます。

ともかく私の病歴を一通り申し上げますれば、私は昨年一月よりいまだ老衰とも思えぬのに色々の病状を呈し、特に右手が運動困難になりまして医者より脊髄癆と診断を下されましてから近代科学の精緻を謳われている帝大真鍋物療科に十日ばかり入院致しまして血液検査を致し、レントゲンで

トルストイ　Lev Nikolaevich Tolstoi 一八二八～一九一〇年。十九世紀ロシア文学を代表する小説家。代表作は『戦争と平和』『アンナ・カレーニナ』『復活』など

主唱者　ある主張や説などを主となって唱える人

頭注版㉖五一頁

脊髄癆　梅毒に起因する中枢神経系統が冒される慢性疾患

精緻　くわしく細かいこと。精密なこと

も診てもらい、そして脊髄から水を取る等々の治療を受けました。服薬と致しまして、ヨードカリ又はサヨジンを用いました。しかしこれを用いると日頃から丈夫でなかった胃を益々悪くし、食欲不振に陥り、はては水洟が出るので如何にしても服用に堪えませんでした。又、水銀の摺込み法もやりました。ところが私は二十年来の下痢の常習で、この摺込み薬は益々下痢を誘発するようになり、その上この療法は一時間以上も時間を要します。この一時間の治療は衰弱している自分にとっては苦痛この上もないことでありました。しかもこの苦痛を伴う治療法はいつ迄続ければよいかと申しますと、帝大の博士の申されますのには生命のある限り続けなければならぬ。その治療を休む時はたちまち脳を侵されるというので、そのままにする時は三年、五年の生存は覚束ないと断言されました。病勢がここに到っては悲観の極に達しましたが、私はそれでも生への強い執着のため昨年の夏はそのまま苦痛を忍び、他によき治療法はなきものかと欲望のむくままに帝

ヨードカリ　ヨウ化カリウム。慢性関節炎、慢性リウマチ、神経痛、梅毒などの治療に用いられる劇薬

サヨジン　ヨウ素を含む薬剤の一種。カルシオジンとも言う

帝大呉内科　東京帝国大学医学部の呉健が教授を務めていた第二内科

大呉内科に行き診察を受けましたが、唯あなたの治療法としては、もうマラリア熱療法を用いるより他に方法がないとのことでありました。御承知でもありましょうがこのマラリア熱療法は、四十度以上の高熱を出す治療法でありまして、このような治療は、心臓の弱い自分としては堪えられないと思いました。それに私は二十年来の持病として神経痛があります。これも脊髄癆から来ていることは明かであるといわれました。それで三十七度以上発熱する時は、たちまち神経痛で悩まされますからとてもこの療法は私には出来ません。それでこれに類似した療法を用いることに決心しました。いずれにしても熱を出す療法は私には命がけでしたが、ともかく運命を定めるつもりで病院に入院することにしましたが、帝大は非常に不深切で患者の都合より医者の都合のみに意を払っておりまして、医者も看護婦も官吏のような感じでとても私のような病人として抑制力のない者には入院する気になれなくなりました。もしお差支がありましたならお許し下さい。迷った結果小石川の帝大分院ならば深切であることを聞きましたので、分院の塩谷内科(生長の家誌友だった塩谷信男博士とは違う)に入院して、マラリア熱療法に類似の注射及びサルバルサンの注射を致しました。それは生命を賭して受けた治療でございますが、科学の力では最早自分を救い得ないものか次第に病状は悪化するばかりでした。手足は益々不自由の度を増すばかり、遂に起居も意のままにならず何をするにも人手を借りる状態で、殊に一番困った事には夜小便は一時間位に出て、しかも一度が三十分以上もかかりました。そんな具合で夜眠る間もございませんので、便器を著けたままで催すに委せるという状態でありました。そうしますと便器のない時でもいつもの習慣性によって床の上に不都合をした事もございます。困惑のあまり色々医者に相談しましたところ、やはり脊髄癆から来ているのでどうすることも出来ないと申されました。それに盗汗が非常に多くなりました。そうこうするうちに足がちくちくと痛みを感ずるようになり、帝大で診てもらった

小石川 現在の東京都文京区にある地名

盗汗 眠っている間にかく汗。悪い夢を見た時などの生理的なもののほか、病気の一症状として現れることもある

時、足や身体がちくちく痛みはしないかと聞かれました。その時迄そういう徴候は少しもありませんでしたが、段々そのようになりかけたのです。（生長の家でいう言の具象化とはこれでしょうか。そのようになる事が脊髄癆だと言われました。）慢性の気管支炎のように常に咳が出るようになっていたのです。医者に診てもらったら慢性の気管支炎と診断され、それ以来少しの風にも咳が出て苦しむようになり、家のうちでもマスクを当てておらなければならないようになりました。これでは暑くとも団扇も使うことも出来ない始末です。今になって考えれば一笑に附すような事でありますが、当時の私は真剣でした。心中御推察下さい。

数え挙げれば五指にあまる病苦に悩まされ全く医師にも見離されてしまいましたので、一日も早くただただ楽に死ぬことばかりを念ずるようになり悲観の日を送っていました。いよいよ身体の動かせなくなった私は再び起つこと能わずと覚悟致しまして、親類縁者に会いに来てくれるよう手紙を出し、

徴候　物事が起こりそうなきざし

推察　他人の事情や心の中を思いやること。おしはかること

五指にあまる　五本の指で数えきれない

会うた上は死ぬ覚悟でありました。しかし折も折私の娘が子宮外妊娠を二度も手術致し、その後は廃人同様病弱になり再起覚束なしと自他共に信じておりました。然るに或る機会に私の肖像を作るのを或る彫刻家に依頼致しましたところ、坐像の写真をとるよう頼まれましたが、私の身体は坐ることも出来ぬ身体となっておりましたので、椅子に凭ってやっと写真をとりました。その時その作家の話されますのに私の友人で生命の実相を説いておられる方があります、話を聞くだけで病気が治るというのでありました。それを聞いた娘はパンフレットがあるというのでその方の紹介で服部先生の処へパンフレットを頂きに行きました。ところがパンフレットがなかったので、先生は縁ある人だからとて『生命の實相』という厚い聖典を下さいました。そして早速先生の御訓話を頂きまして、誰も恢復し得ないという病魔を、娘は先生のお話を聞いただけで征服致しました。当時私は熱海の別荘に病軀を横えておりましたので、私の処へもその征服した喜びを細々と知

子宮外妊娠　受精卵が子宮体部以外の場所に着床して発育すること。卵管破裂または卵管流産を起こす

廃人　怪我や病気などのため、通常の社会生活ができない人

凭る　もたれかかる

病軀　病気にかかっているからだ。病身

らせて寄越し、『生命の實相』の聖典を送って寄越しましたが、勿論娘の誠意は感ずるが目前娘が病気を征服したとの奇蹟的な事（当時の生命の実相を摑み得ない私はそのような事は奇蹟的なことと信じていました）はあり得るものではない。科学の力に見離された自分が、このようなことで救われるならば、この世に多くの病人ができたり、多くの財を投じ堂々たる病院を何の為に国家が建てるか、又何の為に世の中にああも多数の医者を必要とするか等と考えて娘の言には一瞥もくれず、ただただ聞く事を煩わしいと思っておりました。元来私は無神論者で他人がもし神や霊の話をすれば口角泡を飛ばし、そんな神様があるならばどうして地震や不幸を人間にあわすか、そんなけしからん神様は到底あると思えない私でした。然るに娘が私の処へ直接来るというので、お前は来てもいいが神様の話をするならば来てくれるなと、堅く私は断ってやりました。ところが突然娘が私の処へ来てみると、到底来られるとは思われぬ娘の顔色といい様子といい光明に充ち

一瞥　ちらっと見ること

無神論者　神の存在を否定したり、不要と考える人

口角泡を飛ばす　口からつばを飛ばしそうな勢いで激しく議論したりするさま

満ちていることが、まるで昔日の面影（もう病軀にて二度と会えないと思い生き別れをした娘）と異うことを見出して、私はその健康になっている娘に驚異の眼をみはりました。と同時に私の神仏及び霊に対する感じも前とは多少趣を異にして来ました。泥棒にも年貢の納め時というものがあるから、私のような無神論者にも年貢の納め時が来たのかも知れません。私は溺る者は藁をも摑む譬のように半信半疑ながら娘に連れられて東京へ帰って来ました。それは六月二十三日正午で、一週間ばかり前のことです。例によってマスクを掛け看護人に両方から助けられて娘の婚家（東京市豊島区長島仲の町吉田静子、まだ誌友になったばかりの者の家）に帰り、午後七時頃から服部先生の御臨光を煩わし、二時間あまり生長の家の生き方生命の実相につきその御教訓を頂き神想観の実修をして頂きました。（以前に坐れなかった私は娘の話を聞き少しずつ坐れるようになっておりました。）神想観の終りました時は足の感覚はほとんどなく自分では足を延ばすことも出

昔日　むかし。過去の日々

年貢の納め時　悪事を働いた者が捕まる時の意より、ものごとをあきらめなければならない時

東京市　明治二十二年～昭和十八年まであった旧東京府（現在の東京都）東部の府庁所在地。現在の東京二十三区とほぼ同じ範囲

御臨光　その場に行くことを敬って言う語

来ず、看護人に両方から足を引張り出してもらった始末でした。当時病的に手足から腹もすっかり浮腫んで皺等見たくもなくきんきん光って手の指は曲げることも自分では出来ませんでした。（この指は帝大分院にいました時から看護婦が二人で温湿布をして、一時間も摩擦をしてくれてやっと曲げる位で、その後その行事は続けていました。ですから自分では指は動かぬものと思っていたのでした。）ところが先生が神想観後十分程思念して下さいますと、見る間に指先が自由に曲ることが出来ました。と同時に足の方がくすぐったいような変な気持になって来た時、自分では何が何だか判りませんでしたが、足の方の思念が終り「さあ起って御覧なさい」と先生は申されたので、何の気なしに立ってみましたら、何と立てるではありませんか！　さあ嬉しいのか悲しいのか、勿論悲しいわけはありません。夢中で立ったり坐ったり、全く手の舞い足の踏む処を知らずという言葉も私の為に出来ていたかのように思われました。それから先生の存在も忘れ、寝てみたり起きてみた

温湿布　蒸しタオルなどで患部を温める治療法

り片足で立ってみたり踊ってみたり、まるで狂人のようでした。口下手な私はこの歓喜の有様をどうして皆様にお知らせしてよいか言葉も知りません。御想像下さい。同坐しておりました家人一同も唖然としておりまして、年寄等は嬉しさのあまり泣き出しまして、喜びの言葉も発し得なかったのです。その夜から例の小便にも行かなくなり、どんな強風にもマスクの必要を認めなくなりました。その翌日は家族の者を連れてその全快祝に目黒の雅叙園に参り、あの広い庭園の散歩も人手なしに自由に出来、帰りには明治神宮内苑の菖蒲園の拝観にも参りました。朝から二里余も歩きましたが今迄一歩も歩けなかった私は疲労も感ぜず、帰宅してから健康なものは草臥れてしまっているのに、病人であった私と娘とはレコードを掛けて踊ったりしても尚疲れず、夜は七、八町離れている服部先生のお宅へ神想観に寄せて頂きました。

私としては、不自由な身体は癒して頂けても、この二十年来の慢性下痢は

明治神宮　明治天皇と昭憲皇太后を御祭神とする神社。大正九年十一月に両御祭神とゆかりの深い現在の東京都渋谷区代々木に鎮座した

内苑の菖蒲園　明治神宮御苑内で多種の菖蒲を公開している庭園。明治二十六年に明治天皇が皇后（昭憲皇太后）のために植えられたことに始まる

二里余　約八キロメートル

町　一町は約一一〇メートル

癒して頂けまいと思い、これだけは薬で治したいと思いまして、四日分の薬を買い込みました。が服部先生がそんなものも要らぬといわれるので、話されるままに一切の薬をやめ死んでも薬を飲まぬ事に決心しました。ところが二十年来の慢性の下痢も拭うが如く去られ、病魔の巣であった私もすっかり健康人の私になりました。家人や子供達はお父さんは病気であったんですかと、如何にも偽病気を私が使っていたように疑問を発するようになりました。それもそうでしょう。手足の不自由なのが治っただけなら心の持ちようで治ると思いますが、一時間置の小便から二十年来の慢性下痢と慢性の気管支炎等々数え挙ぐれば本当に起つことの出来ない私であったものが、僅一日二日の生長の家の生き方を聞いて身も心も自由自在になったのです。子供らに調戯われても仕方がありません。と同時に他の病人が気の毒に思えてならぬようになりました。私のこの話が迷っている人の為に何かのお為になれば幸です。

拭うが如く　ふきとったようにすっかりきれいに

第四十巻索引

＊頻度の多い項目は、その項目を定義、説明している箇所を主に抽出した。
＊関連する項目は→で参照を促した。
＊一つの項目に複数の索引項目がある場合は、一部例外を除き、一つの項目にのみ頁数を入れ、他の項目には→のみを入れ、矢印で示された項目で頁数を確認できるよう促した。（例 「神の言葉」「心の法則」等）

〔あ〕

〔い〕

〔う〕

〔く〕

〔け〕

〔こ〕

〔す〕

〔せ〕

〔そ〕

〔た〕

〔ち〕

〔つ〕

〔て〕

〔ね〕

〔の〕

〔は〕

〔ひ〕

〔ふ〕

〔へ〕

〔ほ〕

〔ま〕

〔み〕

〔む〕

〔め〕

〔も〕

〔や〕

〔ゆ〕

〔よ〕

〔ら〕

〔り〕

〔れ〕

〔ろ〕

〔わ〕

箴言・真理の言葉

新編 生命の實相 第四十巻 教育実践篇

人間を作る法（中）

令和二年四月二十日 初版発行

著　者　谷口雅春

責任編集　公益財団法人 生長の家社会事業団
谷口雅春著作編纂委員会

発行者　白水春人

発行所　株式会社 光明思想社
〒一〇三―〇〇〇四
東京都中央区東日本橋二―二七―九 初音森ビル10F
電話〇三―五八二九―六五八一
郵便振替〇〇一二〇―六―五〇三〇二八

装　幀　松本 桂

本文組版　ショービ

印刷・製本　凸版印刷

カバー・扉彫刻　服部仁郎作「神像」©Iwao Hattori,1954

ISBN978-4-86700-004-5

光明思想社の本

谷口雅春著　責任編集　公益財団法人生長の家社会事業団 谷口雅春著作編纂委員会

新編　生命の實相

数限りない人々を救い続けてきた
〝永遠のベストセラー〟！

第一巻　総説篇 光明篇　七つの光明宣言 生命に到る道
第二巻　実相篇　光明の真理（上）
第三巻　実相篇　光明の真理（中）
第四巻　実相篇　光明の真理（下）
第五巻　生命篇　生命円相の真理（上）
第六巻　生命篇　生命円相の真理（中）
第七巻　生命篇　生命円相の真理（下）
第八巻　聖霊篇　燃えさかる聖霊の火（上）
第九巻　聖霊篇　燃えさかる聖霊の火（中）
第十巻　聖霊篇　燃えさかる聖霊の火（下）
第十一巻　実証篇 精神分析篇　生長の家の奇蹟について 精神分析による心の研究
第十二巻　生活篇　「生長の家」の生き方（上）
第十三巻　生活篇　「生長の家」の生き方（下）
第十四巻　観行篇　神想観実修本義（上）
第十五巻　観行篇　神想観実修本義（下）
第十六巻　霊界篇　霊界と死後の生活（上）
第十七巻　霊界篇　霊界と死後の生活（中）
第十八巻　霊界篇　霊界と死後の生活（下）
第十九巻　万教帰一篇　真理の扉を開く（上）

定価各巻　本体 1524 円＋税

定価は令和二年四月一日現在のものです。品切れの際はご容赦ください。
小社ホームページ　http://www.komyoushisousha.co.jp/

光明思想社の本